你好，扫码见作者。

加油啊你

普通人的财富战斗

《远离迷茫，从学会赚钱开始》续篇

曾鹏宇 著

北京联合出版公司
Beijing United Publishing Co.,Ltd.

图书在版编目（CIP）数据

普通人的财富战斗 /曾鹏宇著.—北京：北京联合出版公司，2021.3

ISBN 978-7-5596-5105-1

Ⅰ.①普… Ⅱ.①曾… Ⅲ.①私人投资 – 基本知识 Ⅳ.①F830.59

中国版本图书馆CIP数据核字（2021）第031485号

普通人的财富战斗

作　　者：曾鹏宇

出 品 人：赵红仕

责任编辑：郭佳佳

封面设计：摩利凤雅

内文排版：弘果文化传媒

北京联合出版公司出版

（北京市西城区德外大街83号楼9层　100088）

三河市兴达印务有限公司印刷　新华书店经销

字数231千字　880毫米×1360毫米　1/32　10.25 印张　2 插页

2021年3月第1版　2021年3月第1次印刷

ISBN 978-7-5596- 5105-1

定价：49.80元

自序

普通人的财富战斗

有人说：这个世界 95% 的烦恼都可以用钱去解决。所以作为普通人，我们需要知道如何变得更有钱。

1

我是花了不少时间才逐渐明白一个人的自我成长和物质财富之间纠缠不清的关系的。

很多年前，我来到北京读书工作，像很多人那样，在一个陌生的城市里白手起家，从无到有一点点积累生活的经验和成长的感受。

这个过程中遇到过很多困难，后来发现大部分跟钱有关。

也经历过很多波折，后来也发现大部分跟脑子里的金钱意识有关。

之后才真正体会到，成年人的世界里，必须有强大的内心、学习的动力，但扎实的物质基础也必不可少。尤其是最后一点，会在某些时候影响很多普通人的选择和命运。

是的，命运。

2

并不是每个人从一开始就能明白这一点，就好像绝大部分普通人的成长过程中其实是缺乏金钱教育的。就像我的少年时期，父母很少开诚布公地谈到钱，他们更愿意我好好读书，以后找一份好的工作，所以上大学前常听到这样的叮嘱："你什么都不用想，好好读书就行。"

一旦大学毕业，他们的口头禅立马变成了"你什么都不用想，赶紧多赚点钱"。

就这样，只不过隔了短短四年，很多人接触到的生活从一个极端走向另一个极端，很多人也因此走了很多弯路，比如大手大脚、提前消费甚至超额借贷。

别以为寄希望于别人就能改变这个问题，专家当然能给我们指点，专业人士也能给我们帮助，但那些都是外力，在物质财富积累和自身意识觉醒上，仅靠外力显然是不够的。

明白这一点之后，我便开始修正自己对金钱的态度，并且开始把它们记录下来。

3

从 2005 年开始，我开始记录自己在财富之路上的思考、尝试与收获，包括现在看起来走过的很愚蠢的一些弯路和掉坑经历，有些也被同步到了社交媒体上。从最早的传统媒体，到后来的 BBS（论坛）、博客和微博。

这些记录便是"人人都爱钱"系列文章的由来，在博客时代它们为我带来了百万点击量，微博时代它们为我引来了百万关注者，付费阅读时代更帮助我完成了百万订阅量。

靠着这些年的不断尝试和思考，我过上了自己想要的生活，也为家人提供了更好的物质条件。

我再也不是当初那个羞于谈钱的年轻人，因为追逐财富的过程也是一个与人性弱点不断斗争、对其不断修正并提高的过程。

普通人的财富之路就是这样，既要有头脑，又要有尝试，更要学会依靠时间，一步步走到明天。

4

2019 年"人人都爱钱"系列文章的第一辑《远离迷茫，从学会赚钱开始》结集出版，当时很多人疑惑：我又不是专业人士，怎么会去写这样一本书？

因为在追逐财富的过程中，我经历了太多波折，走了太多弯路，也交了太多学费，但作为一个普通人，很难听到对症下药的解答和帮助。

很多专业人士说的都是玄而又玄的专业术语，再不就是：如果你有 100 万，你应该如何做？

可作为普通人，我们要解决的并非站上山巅后怎么做，而是如何从山脚爬上山峰，哪怕半山腰也行。

让我没有想到的是，它成了我销量最高也最受读者欢迎的一本书。

5

如果说对普通人而言物质财富的积累犹如一场战斗，那么战斗就必须要有子弹（投入本金）、战术（短期计划）和战略（长期策略）。

从这些年我自己的体会来看，要想在物质财富积累这件事情上有所收获，三者缺一不可。可现实中，很多人要么只有1和2，没有3；要么只有2和3，干脆没有1。

所以，现在又有了这本《普通人的财富战斗》。

它比上一本书更具体，也更深入，依然来自生活中跟钱有关的每个方面——生活、工作、积累、理财……这里并没有贪婪、快速致富的捷径，有的只是脚踏实地、稳扎稳打的财富增值。

始终觉得，当年我这个普通人可以做到的，绝大多数人都可以做到。

至于中间的波折、跌宕和坎坷，别害怕，跟生活真枪实弹的风险相比，这真不算什么。

这就是属于每个普通人的财富战斗。

测一测你未来有可能变成财富超人吗？

你的理财思维、战术和战略，决定了你未来会不会变成财富超人。在开始财富战斗之前，请先认真回答以下问题，测测自己的财富战斗力吧！

每题选"是"计1分，选"否"不计分，最后计算出总分。

扫本页二维码可进行在线测试、自动计分，并查看你的财富战斗力解析。

准备好了吗？开始测试吧！

1. 你会对钱和未来感到焦虑吗？

　　是（　　）　　　　否（　　）

2. 如果想降低这种焦虑，你知道该怎么做吗？

　　是（　　）　　　　否（　　）

3. 你知道最适合普通人的投资理财方式是什么吗？

　　是（　　）　　　　否（　　）

4. 你知道应该从月收入中拿多少比例进行投资理财吗？

　　是（　　）　　　　否（　　）

5. 你觉得你能不能坚持投资理财？

　　是（　　）　　　　否（　　）

6. 如果坚持不下去，是不是自身的原因？

　　是（　　）　　　　否（　　）

7. 你有没有尝试学习过理财方面的知识？

　　是（　　）　　　　否（　　）

8. 你觉得是否有风险低、收益高的理财项目？

　　是（　　）　　　　否（　　）

9. 即使市场形势大好的时候，你也认为不能借钱去理财？

　　是（　　）　　　　否（　　）

10. 你是否愿意多花一点时间来学习理财？

　　是（　　）　　　　否（　　）

微信扫一扫，
解析你的变富潜力

目录

contents

第一章

开始理财之前，该想些什么

第二章

理财小白实操备忘录

第三章

为什么有些人富不了

第一章

开始理财之前，该想些什么

跟普通人息息相关的
四点财务备忘

对于普通人来说，与其考虑所谓财务自由，不如
想想我们是否已经做到这四点财务备忘。

针对普通人投资理财这个领域，我的绝大多数文章并没有太多宏大
主题，也没有特别虚幻的目标，因为两者都会显得有些不切实际。我更愿
意和大家一起探讨如何解决生活和成长过程中那些跟钱有关的种种问题，
包括挣钱、花钱及借钱。

因为都是一些基本方法和思路，有些心急的朋友不太满意，特别是
那些对现状不满、希望靠金钱迅速积累以解决自己的生活问题，甚至改
变自己的未来和人生的朋友：

"你能不能告诉我怎样才能实现财务自由？"

"对不起，真不行。"

"那为什么别的书都会讲年轻人应该尽快实现财务自由？"

应该仔细观察一下那些讲的人，他们自己是否真的已经实现了财务自由，或者说他们是不是正琢磨着靠你兜里的钱实现自己的财务自由……

对不起，又说大实话了——这虽然是大实话，但是在很长一段时间内被人视而不见。

在过去的这几年当中，"财务自由"真的是一个很流行的词，对年轻人的诱惑格外强烈——在各个社交网络平台上，有很多打着"财务自由"旗号的付费课程，其实都是这个路数。

那时候国家的经济形势一片大好，发展速度如同奔马，仿佛遍地都是机会，但这种情况在 2018 年之后慢慢发生了变化。具体是什么变化，看一下各行业发展增速、整体经济数据以及普通人的自身感受就知道了。

并不是说经济不发展了，而是发展得比以前慢，而且更讲求发展质量了。

此时普通人不得不面临着一个很现实的问题：关于钱，我们必须思考得更加务实一点，不能再跟以前一样做狂飙突进的梦——突然很多人发现自己收入开始下降、连升职加薪都出现困难，这时还鼓吹什么财务自由？

不信，那就问几个现实一点的问题吧：

马上过春节了，发年终奖了吗？

第二年会加薪或者升职吗？

有猎头跟前几年一样穷追不舍打电话邀你跳槽面试吗？

……

很多答案都是否定的。

这是否意味着我们不应该谈钱？或者说，我们提出一些跟钱有关的构想是不切实际的？

不，越是在这种时候，越应该确立清晰的目标和计划。

1

备忘一：别想什么财务自由，先树立一个财务目标。

把这个问题放在第一位是因为绝大多数接受传统教育的中国人，对钱的概念常常是在经历了挫折或者遇到了难处后才发现或有所体会的。

比如那句"一分钱难倒英雄汉"，很大程度上是因为大家突然意识到了钱的重要性。

需要说明，财务目标和财务自由完全是两回事：财务自由是一个最终的目的，而财务目标常常只是一个短期目标。

对于大多数普通人而言，贸然去谈什么财务自由更像是一点水也不带却准备穿越沙漠，这是一个看上去很美丽却又冒失的举动，一旦掉进坑里必然九死一生。

但是树立财务目标是每个普通人都应该尽早有的意识。

举个很简单的例子，很多年前我在单位实习的时候，一个月收入是800元，当时我的目标就是一定要攒够6000元。

为什么是这个数目？

因为那时候北京一个一居室的房租大概是 1200 元（别被这个数字吓到，那是 20 多年前），押一付三，再加上水、电、气、电话费等费用，有了 6000 元存款就可以解决前三个月的租房和居住问题——这 6000 元就是我当时的财务目标之一。

再举一个例子，我工作第一年月薪是 4000 元，而我计划两年以后月薪能够上升到 6000 元，比当时提升 50%——达到 6000 元的月薪，也就是我的另一个财务目标。

财务目标，通常而言是一个时期内的目标，或者说是在某个固定时间内（比如一年）的目标。

为什么要制定财务目标？因为相比其他，它是检验我们工作或者生活是否不断向好的方向发展最简单的方式。

如果你在规定时间内达成了这个财务目标，那么就说明在这期间你的努力卓有成效；反之，则说明你的工作或者生活存在一定的问题，需要进一步优化。

上面两个例子中涉及的财务目标相对简单，也比较好完成。可以看作一个短期的财务目标，在它之上则是中期财务目标。

中期财务目标体量更大，涉及时间更长，完成难度也会更大，比如三年内买车、五年内买房安家等等，都可以算是我们的中期财务目标。

树立财务目标的另一个原因，它就相当于一个靶子——有了这个靶子，我们才会知道下一步应该朝着哪个方向努力，同时知道我们还缺什么，应该如何去弥补。

很多人其实没有财务目标的概念，常常都是事到临头才发现缺很多钱；或者很长一段时间内觉得内心茫然，该做点事情却又无从下手。

这时候，树立一个短期的财务目标是最对症的解药。

制定财务目标的时候，未必要给自己制定一个多么高远、看上去多么金光闪闪的目标，相反，应该制定一个你踮着脚可以够得着的目标，即略微比你现在的标准高但又不至于太高的目标，这样才能要求自己不断前进。

2

备忘二：自己树立的财务目标，累到吐血都要完成。

任何一个目标，不管它是长期目标还是短期目标，不管它看着是容易还是困难，如果你不去努力把它完成，那么它就只是镜中花水中月，没有任何价值。

我们常常听到一句话：

"我 2020 年一定要完成 2019 年制定的 2018 年应该实现的 2017 年的计划……"

这虽然是开玩笑的口吻，但是在现实生活当中，很多人真的是这么做的。

他们2017 年制定了目标，2018 年制定了目标，2019 年也制定了目标，当然 2020 年也不例外，但是没有一个真正完成，每一年都制定目标只是让日子看上去有点奔头，至少貌似挺勤奋的。

可是不尽力地想办法去完成，这样的目标有什么用？

我大概是从十年前开始，每一年的第一天都给自己列这一年要做的十件事，比如 2020 年的第一天我给自己列的目标是：

1. 锻炼 150 天，保持身体健康紧绷；

2. 写 100 篇新文章，争取再出一本新书；

3. 看 30 本好书，择优推荐给读者；

4. 出国旅行至少一次，好好放松；

5. 开个长篇小说连载；

6. 带小朋友继续跑步；

7. 多赚点钱，但不准炒股；

8. 继续捐助孤残儿童公益慈善项目；

9. 工作上做减法，调整重心，不要强求；

10. 去五个陌生的地方，聊几次有趣的天。

这些目标有些很具体，有些则相对模糊，但其中有一项一定是跟挣钱相关。

通常我会私下里给自己这一年定一个财务目标，可能是 5 万、10 万，或是 20 万、30 万，或者根据上一年的情况和当时的状况，定下一个增长比例，到了年底总结的时候，就会知道究竟完成了没有。

其实用不着到年底，每一年七八月份，一年过半，心里就有数了：今年的目标能不能完成？如果不能，问题出在哪里？是否需要调整？

举个很现实的例子，2018 年因为现实环境和生活方面种种影响，我在下半年的个人财务表现远不如上半年。当我意识到这点之后，很快进行了调整，最后虽然整体不及预期，但是还算接近了目标。

再比如 2020 年，因为疫情的关系，导致十个目标中的第四个和第十个直接泡汤，而收入也因此受到影响，这时候就需要考虑是否应该调减目标。

很多人制定了目标之后，走到一定阶段看到有可能完成不了，立马泄了气。其间没有考虑为什么会出现这种情况，也没有想办法补救，就直接放弃了。

失败是成功之母，这话是有一定道理的：

你为什么没有完成？

是你自己的问题，还是环境的问题，或者是行业发展的问题？

如果是自己的问题，请及时调整；如果是行业的问题，是否需要换一份工作？

……

如果说制定财务目标是立靶子，那么实现这个财务目标的过程就是我们学会瞄准靶子前进——在我看来，后者比前者更重要。

3

备忘三：财务自由并不重要，但财务自控非常重要。

为什么说财务自由不重要，因为人在不同阶段总有不同的目标，相应地，在不同阶段实现所谓的财务自由的要求或标准也不同。

比如我们在 20 多岁的时候基本都是单身汉，一人吃饱全家不饿，那时候似乎只要月薪挣到一万就已经觉得很自由了，如果结了婚，这点钱又算不得什么了。

好不容易爬到月薪三万了，已经比以前的收入高多了，可这时候你又多了孩子，或者说家里老人又生病了，你会发现这笔钱同样也会捉襟见肘。

所以，人在 20、30、40 和 50 岁各个阶段的财务自由，难度都是不同的，但是财务自控是人在任何一个阶段都应该对自己提出的要求——这种自控指的是确保我们完成财务目标的能力。

比方说很多人在开始进行基金定投的时候，我都会提醒他们，基金定投是长期投资，至少在三到五年之内不能退出。他们都会点头说"好好好，没问题"。

一旦行情不好，大盘下跌，基金净值出现下滑，他们就开始提心吊胆，然后把自己以前说的话抛到脑后，一咬牙把基金全部赎回；

没想到大盘这时候见了底，并且迅速回升，这时候他们又有些后悔了，再度花更多的钱把它买回来；

没想到大盘并没有像他们想的那样扶摇直上，反而再次下跌，他们又开始后悔，生怕基金再砸在自己手里……

结果一来一去，光是手续费就至少损失了 2% ~ 3%。几个回合下来，因为主观情绪导致的自己无谓损失就达到了 6%，甚至更高。

　　像这种明明已经制定了计划，却不断打破计划，在朝目标前进的过程中忍不住想放弃的，都是没有财务自控力的表现。

　　类似的现象，生活中比比皆是。

　　所以，当你计划一年要存一万块钱，请你一定要完成，不能在存到八千的时候就觉得可以干点其他的了，反正只是差两千。如果你有这样的想法，那对不起，你完成那一万的目标可能遥遥无期。

　　怎么说呢，如果说自由是一种目标，那么要达到这样一个目标，我们常常需要做很多不自由的事，包括要求自己必须按照一定的步骤、节奏去工作。

　　不要觉得这很简单，这真的不简单，因为很多时候在面对金钱这件事上，人的随意性会体现得特别明显。

　　培养自控力，其实也是我们每一个人自我成长、自我成熟必经的过程。

　　我妹就有过类似的教训。

　　两三年前她有了些积蓄，于是告诉我她特别想投资做一个项目，恰巧我对这个项目比较了解，觉得前景不好，另外不可控成本很高，所以极力劝阻她。但是我妹完全听不进去，她甚至想辞职、全职干这事儿，遭到我的坚决反对。

　　我妹当时心痒难耐，最后我俩只好各退一步，我说你可以尝试去做，但是你一定不能辞职，用业余时间去做，这样至少你还有条退路。

　　果不其然，那年我妹做的那个项目跟我预想的一样，发展得并不顺利。当时一拍脑门想做的事，不断在增加计划外成本，又因为市场不如她预期的那么好，结果亏了很大一笔钱。

快到年底的时候她又来跟我商量，我告诉她赶紧终止，哪怕亏钱也要及时抽身而退，否则就会越陷越深。

回过头来，我妹自己总结：

真的不能光凭热情去做事情，也不能自己一旦觉得好就兴冲冲去做，必须做充分的准备——所以所谓的自控，不仅仅是在针对计划上，也在针对欲望。

4

备忘四：在做财务自由梦之前，请先想想财务风险吧。

这是一再跟大家强调的问题，为什么？因为我自己吃过亏、掉过坑！

风险永远是我们生活中如影相随的东西，也是最容易改变普通人生活水准和状态的事情，说得更直接一点：

你今天所做的一切，不管是工作、学习、运动，其实都是为了应对生活中不断出现的未知机遇和风险；机遇的确会让我们加速成长，同样，风险也会考量我们的承受力。

需要注意的是，大多数人在年轻的时候很容易只考虑机会，觉得自己时间一大把、可能性一大把，却不考虑那时候风险同样也很大。

比如说年轻的时候挣得少，一旦你的财务发生赤字或者遇上突然出现的问题就不得不面临财务困境，这也是那么多年轻人深陷网贷泥淖的原因。

我们在人生不同阶段会面对不同的财务需求，同样，也会面临不同的财务风险——

年轻的时候需要有职位的稳步上升，到了一定年纪需要有爱情或者婚姻，婚后可能有孩子需要抚养……

年轻时候的风险是你的积累、努力是否能够带来职业的稳步上升和发展，然后支撑生活的变化和要求。

到了中年阶段，常常要面对职业发展的二次变动、赡养老人，以及保证全家人的身体都健健康康，不出问题。

这时候，你会看到很多人本来似乎已经做得不错了，却因为一场病或一次突发事件一夜间"回到解放前"。

这个阶段的风险就成了你的资源、人脉能否应对"中年危机"，健康状况和物质条件能否不影响你的生活水准。

就算没有这些突发事件，投资、生活、职业、感情……我们的人生路上哪里不是风险？

从这个角度看，你应该更能理解那句话：

对绝大多数普通人来说，我们之前所做的一切努力，不仅是为了抓住机会，同样也是为了对抗风险。

至少不能生活一有点风吹草动，我们就被打趴下了。

树立财务目标，然后一步步提高自己的能力；我们的自控是对自己提出更高的要求和约束，最终随着能力的水涨船高，我们应对风险的能力也会加大……这才是对于大多数普通人来说，最正确的财务规划。

这并不是说只要有了钱，你就能解决所有的问题，但是至少那些因钱而产生的问题，不会再影响我们前进的步伐。

所以对于普通人来说，与其考虑所谓财务自由，不如想想这四点财务备忘我们是否已经做到：

是否有清晰的财务目标？

是否能努力完成这个目标？

是否有强大的财务自控力？

是否能抵抗住财务风险？

因为我们要面对的不仅是收入和支出的变化，也有时代和环境的变化，更有每个人能力和欲望的变化。

不管外界怎么变化，最终需要提高的是我们自己，而不仅仅是用看上去特别漂亮的语言，给自己画个大饼。

谁又能知道，当我们真的到了一定阶段，会不会实现真正的财务自由呢？

梦想赚很多钱，
先做一份诚实的规划

一份规划至少可以挡掉 80% 的意外烦恼，剩下的
20%，对于一个不断成熟、阅历和能力不断增加
的人来说，并不是问题。

托上一本书《远离迷茫，从学会赚钱开始》的福，有段时间我的微
博忽然多了很多新读者，他们大多是看了上一本书后，按图索骥找来的。

他们说，看这本书之前很少琢磨理财的事，虽然觉得钱很重要，但
并不知道该如何面对赚钱这件事。

还有的人问得更直接：

"刀哥，你就直接告诉我，怎样才能赚大钱？或者怎样才能快点赚
到钱？"

对不起，这个我真回答不了。我要知道能轻松迅速赚大钱的方法，
还会告诉你？

即便是现在这个阶段，我的钱也不是在很短的时间内就赚到的。

钱在什么时候才会显得特别重要？当然是你缺钱的时候。

所以我写的理财文章都是在过去 20 年中，为了不让自己缺钱总结出来的经验。是的，整整 20 年，任何一件小事放在这么长的时间内都可能变得完全不同。

在赚钱这件事情上，不同的人有不同的答案，但就算答案再不同，也有一定的共同点。

1

很多朋友最开始理财的时候都问过类似的问题：

刀哥，我是一个理财小白，看了你的书之后，特别想开始我的理财计划，请问我应该怎么做？

不，先别急着做，先梳理一下自己，然后做出一个属于自己的规划。贴合实际的规划，就是我说的共同点之一。

不管是百万富翁、亿万富翁还是普通人，在真正决定做某件事之前，一定是先做一个整体规划。赚钱也是这样，这个规划通常会包括以下几个方面：

1. 目标；
2. 时间；
3. 方式。

目标很简单，那就是我们希望达到的目的。

时间更简单，就是我们需要多长时间完成这个目的。

方式好理解，就是我们用什么样的方式实现最终的目标。

说得更明确一点，如果赚钱只是一个大方向，那么这个规划足以让这个大方向变得清晰明确，把赚钱这个本来虚无缥缈的设想，变成一个又一个可供筛选和比较、能够理解和执行的具体方法。这就简单了很多。

很遗憾，很多人只对赚更多的钱感兴趣，却对规划这件事情不太"感冒"，甚至觉得多此一举。"我还能不了解自己吗？这世界上还有人比我更了解自己的吗？我当然知道自己要什么，既然这样，规划有什么用？"

当然有用，很多事情绝对没有你想的那么简单，规划就是这样。可以这么说，十个不知道如何实现自己财富梦想的人里，至少有九个都没有给自己做过规划，或者不知道如何做规划。

有些朋友是做了规划的，但是这些规划都过于简单粗放。如果按照这种简单粗放的规划执行，做着做着就会发现跑偏了，然后要么回头弥补，要么从头再来。无论哪种都是对时间、精力的浪费，特别不合适。

2

规划中的第一条就是你自己的财务状况。

在很多人看来，财务状况不外乎两大方面，一方面是收入，另外一方面是支出——听着没问题，实际上并不是这样。

或者说，绝不仅仅是如此。否则为什么一件看上去那么简单的事，实际上很多人都做得不好？

先说收入情况，大部分人对此的答案非常具体和明确，比如每个月5000 元、1 万元或者 2 万元。

如果再问一个问题，在未来几年中，你的收入有可能会以怎样的幅度上涨时，大家的回答就有点含糊了。

其实这是一个比较重要的问题。

你能一口说出来的具体数字，其实只是你现在的收入；你在未来三到五年有可能达到的目标则是你在可见的未来能获得的收入，或者说它是你的预期收入。

这两个数字，一个是短期的，一个是远期的。在计算收入的时候，绝对不能只计算眼前的收入，也要对未来的收入有所考虑，因为这对后面要做的事情非常重要。

再说你的支出。

很多朋友会简单地把支出理解为生活开销，这当然没错。生活开销通常是指我们每个月的吃穿用度、房租水电、交通开支、通信开支等等，但跟刚才说的短期收入一样，这些其实也只是支出的一部分。

说得再简单一些，生活开销基本都是小数目、高频次的支出，我们经常用到，所以说到支出第一反应就会想到它们。

而那些低频次、大数目的支出，因为不太常用，我们常常会把它们忘在脑后。

比如教育费用，这里所说的教育费用不仅包括子女的教育费用，同

时也包括我们自己为了提升自我价值的继续教育费用。

还有健康费用，这里面不仅包括我们身体出现健康状况时需要进行的医疗救治的花费，也包括我们在身体还没有出问题时的"保养"费用。

还有保险费用，这里面不仅包括我们为医疗、养老提前进行的规划，也包括为意外、失业等特殊情况准备的保障性费用。

有些朋友会说，我现在没孩子，我们家老人还很健康，为什么要把这些也算到我的支出里去？

请允许我说一句实在话：如果你在没有遇到这些情况的时候不考虑这部分支出，那么当你遇到了这些情况，多半会手足无措、无力承担。

难道你准备到时候也去水滴筹或轻松筹上哭天抹泪寄希望于别人的同情与怜悯吗？

实际上很多人做的财务规划中，收入只包括眼前的收入，支出也只包括眼前的支出，这肯定是有问题的。

3

除了财务状况之外，这份规划还必须包括健康规划。

要记住，一个人的健康规划是他的财务规划得以顺利进行的最重要保障。包括这个人年龄所处的阶段、健康状况、可持续工作时间以及在未来是否需要特别留意哪些方面等等。

举个例子，如果你是20～30岁这个年龄段，通常健康状况都会比较好，工作和生活的健康压力也会相对较小。

如果你是在 30 ~ 45 岁这个年龄段，那么你已经进入中年阶段，健康状况就多加注意，否则就容易出问题。

一旦迈过 45 岁，你就要多考虑体力和精力的下滑给工作带来的影响，比如工作时长、劳累程度等。

如果过了 60 岁进入老年阶段，那么就要考虑到防病需求，尤其是一些大病的治疗。

之所以把这些阶段都梳理出来，是因为在生活中，我们的健康状况和收入常常是成反比的：

在我们年轻、身体条件最好、健康状况也最好的时候，我们的收入常常是最低的。

到了中年阶段，收入上来了，我们的健康状况开始下滑；到了老年阶段，我们不仅有退休收入，还会有子女的帮扶，可那个时候我们健康状况的压力是最大的。

两相对比，就应该知道我们在理财规划上需要怎么做：

1. 在年轻的时候多为后来打基础，到了年老的时候才能更多地享受到以前未雨绸缪带来的好处。

2. 持续向好的身体不仅会减少你的医疗开支，还会增加你的收入，因为任何一个工作都需要你精力充沛、体能充分。

3. 我们当然也可以等到出问题再弥补，但在还没出问题时就有所考虑，你为之付出的成本无疑是最低的。

4

规划的第三方面就是我们的社会关系，其中首先是我们自己工作所属的行业变化。

举一个例子，前几天有一个前同事告诉我，我最早工作的那个单位效益下滑非常严重，业务接连收缩，可能面临裁员。

你知道吗？在 20 年前，那家单位在全国都赫赫有名、引人注目，每个人都削尖了脑袋想进去，一天的广告收入曾高达 300 多万。

可是短短 20 年之后，整个行业的变化急转直下，如果我依然在那个单位待着，一旦遇到什么事情估计也得硬着头皮上众筹网站求助了。

这就是对社会关系进行规划最简单的例子。

我们在这份规划中之所以特别郑重地谈到社会关系，是因为它决定了我们在这个行业中的发展前景，并且直接关系到我们的收入预期。

因为只有在朝阳行业，你的收入才能有可见的、持续的增长，行业一旦进入下行阶段，那就比较难了。

一旦你处在不景气行业，改变行业是自我提升很重要的方式。

除了工作的社会关系之外，我们个人的社会关系就集中在感情生活或者家庭关系上。

这两年法律上关于夫妻双方在婚姻关系中债务问题的相关内容的修订引起了很多人的关注，因为夫妻双方一旦有一方瞒着另一方欠债，就会"连带"惹来很多麻烦。

所以我们更需要对这类社会关系进行思考——

比如配偶的经济能力、经济前景、收入是否稳定，以及能否共同达到想要的目标；如果不可以，是不是应该构建一道经济风险"防火墙"？

实际上很多人平常根本不会考虑那么多，事到临头才发现天塌地陷。

5

经历了以上三个部分之后，最后一部分才是我们的目标——计划赚多少钱、用多长时间完成这个目标，以及用怎样的方式去实现这个目标。

正因为我们已经对收支情况、健康情况、社会关系进行了仔细梳理，再次回到这个理财规划或者赚钱目标的时候，心里肯定踏实多了。

如果我们的远期目标是 20 年挣到 500 万的话，按照每年的复利 8% 来计算，我们每年至少需要投入 10 万元。

这个规划看着很简单，实际上你会发现周围并没有那么多人通过这个看似简单的傻瓜理财法，在 20 年以后获得 500 万的收益，为什么？

因为很多人没有考虑到收入前景，在刚开始的阶段每年投入 10 万元，对于很多年轻人基本不大可能，因为收入可能都没有达到 10 万，所以常会选择放弃。

如果考虑到职业发展及健康前景，我们就会知道，以后的收入肯定会远远超过这个数字，所以到时候再把这部分补齐就好。

其实这是一种"双倒挂"的规划方式：

在前期健康条件好的时候，我们的收入低，投入可以低一些，但是要花更多的时间；

到了中期，收入提上来了，健康状况开始下降，投入要相应上升，时间也会缩短；

进入老年阶段，面临着更大的健康和收入降低的压力，前面几十年的积累已经足够我们应对生活的风险，到时候反而能节省时间。

很多人就是没扛住第一个阶段，因为时间通常是最难熬的。

6

无论哪个阶段，都可以按照一定的比例持续投入理财。

对大部分年轻人来说，我以前说的"三三制"很实用——

即月可支配收入的 30% 用作现金储蓄，30% 拿来做固定投资（包括基金、债券、理财或其他，我是选择了基金），还有 30% 则作为日常备用，这部分备用累积到年底可以转化为一次性投入，其余的 10% 则是固定的保险和健康开销。

这种资金分配方式至少在 35 岁之前都是行之有效的。

一旦你结了婚、有了孩子，面临着赡养老人、孩子教育这些现实的支出问题时，你的收入多半也已经涨了，这个时候你可以做相应的调整：

比如现金储蓄部分由 30% 降到 20%，定期投资部分也可以降到 20%。别担心，尽管比例下降了，但由于你收入的基数变大了，绝对数量并没有变化；

而多出来的 20%，则固定作为孩子教育资金，要知道九年义务教育之后的教育开销是很大的，你不可能到那个时候再掰着手指头算钱。

而剩下 30% 的备用金以及 10% 的健康保险投入保持不变。

这样不管你面临什么情况，都足以淡定地面对生活的各种问题，最关键的是它带给你的那份踏实感，能够消弭掉很多不确定性导致的心理恐慌。

7

做完了这个规划之后，再回头看看先前的那些问题，是否心里就踏实多了？

这样的一份规划当然不可能把所有的问题都考虑进去，也不可能解决我们生活中所有让你措手不及、意料之外的变化。但是相信我，以我这么多年的经验，它至少可以挡掉 80% 的意外烦恼，剩下的 20%，其实对于一个不断成熟、阅历和能力不断增加的人来说，并不是问题。

那么，做这个规划的时候最怕的是什么？

是我们的心思飘忽。

尤其是在年轻的时候，因为钱太少而心生退意，觉得钱太少，自己完全可以不管不顾，结果养成了"月光"的习惯，这样财神可能会躲你一辈子。

好不容易收入增加了，却又心生自满，总觉得世间一切尽在掌握，大手大脚，挥霍无度，真当变化出现时可能很快就崩溃了。

一个现实的例子就是，甲骨文在很多人眼里是个多好的公司，顶级外企，收入丰厚，结果前段时间传出裁员消息。虽然 n+6 的补偿标准已经是业界最高，但如果你是一个四十多岁的人，在此时失业，你还能轻易找到像样的工作吗？

我们不能等到自己真的到那个时候才开始想办法，在这之前就应该做充分的准备。这并不是说我们要准备失业，而是不管失不失业，我们都要有足够的经济实力维持相应的生活。

就像我现在，失业或裁员，我都不害怕。

如果大家因为这本书对于理财产生了一点兴趣的话，也请你一定要按照这样的方式进行梳理和规划。

不妨问自己几个问题：

你如何评价自己的收入？

你如何评价自己的净资产？

你如何评价自己的投资理财知识？

你如何评价自己的总体财务情况？

如果五年以后你的财务状况和现在一样，你会满意吗？

如果你不满意，你觉得应该怎么做？

……

这些问题考虑得越早，你未来遇到的麻烦就会越少。

因为一个人成熟的标志，首先就是要有稳定的经济能力。这个经济能力跟我们能挣多少钱有关，更和我们思考金钱的方式有关。

那些雄心勃勃的理财计划
最后为什么会变成笑话

对于很多年轻人来讲，读书的时候父母不让他们
担心钱，工作了之后就让他们一致向"钱"看。
绝大多数人并不能那么自如地切换视角，只能自
己闷头向前走。

经常有读者问：对普通人来说，投资理财真的能赚钱吗？

当然可以，赚钱的前提是你要能承受得住亏钱的压力和煎熬。

比如从 2017 年下半年开始到 2019 年初，长达一年多的时间里，大盘
一直在下跌，最多时下跌 30%，即便是定投的基金也出现了亏损。

那时候，读者群里的人陆陆续续少了很多，剩下的也都安静极了，
很多人都心如止水、看破红尘，仿佛已经忘了这件事。

没想到的是，2019 年春节刚过，A 股股市便不断发"节后红包"，
转眼间就从 2500 多点上涨到超过 2900 点。

就这样，从 2017 年下半年开始，长达一年多下跌所导致的亏损在短
短一个多月内就被挽回了，而且有了 10% 以上的收益。

10%多吗?

并不多,但是还应该想到一个问题:现实生活中能让普通人安然赚取10%收益的理财方式其实也不多,有的甚至是骗局。

即便是这10%,也不是每个人都能获得的。

当我兴高采烈地将大盘连续上涨的消息在读者群里分享出来时,发现有些人并没有那么高兴。

他们悄悄给我发私信:刀哥,我现在买还来得及吗?

咦,不是说好基金是长期投资、至少定投三年吗?

那边羞答答地说:

"之前看一直下跌,担心就这么一直跌下去,没跟你说就偷偷卖了……"

我都不知道该说他们什么好,之前言之凿凿、拍着胸脯能坚持下去的定投计划,居然说停就停了。等再想恢复,已经来不及了。

就像生活一样,你提心吊胆的很多事其实并不会发生,真正发生的却让你始料未及。

1

很多年前,我即将踏入社会的时候,脑子里还是一些"文青"想法。希望一切都自然天成,统统来自心中纯洁而单纯的梦想,最重要的是希望它们跟钱都扯不上什么关系。

那段时间干了很多特别傻的事儿。比如说有一年冬天听说北京有狮子座流星雨,我就跟一群同学约着到昌平郊区去看流星雨。当时满脑子想的都是特别浪漫而简单的事,结果没想到那天正值北京隆冬,还遇上降温,我们低估了北京冬夜的低温，等到半夜，流星雨没等到，自己却差点被冻死。

大约扛到凌晨两三点钟，实在受不了，我跟朋友说："不行，再这样下去肯定得生病，我们得赶紧回去。"朋友也冻得浑身打哆嗦，早就希望有人提出这个想法，几个人连忙往回走。

那时候昌平这样的地方还没有地铁，凌晨两三点路上连一辆车也没有。我们又冷又饿，实在没有办法，跑到路边一处民房去敲门。

因为时间太晚，估计人家以为我们不是好人，半天才有人吼了一句："你们干嘛的？"

我们有点不好意思地说，我们是过来看流星雨的，因为天实在太冷，现在又太早回不去，不知道能不能在屋里待一下。

又过了半天，才终于有一个老大爷出来开了门，堵在门口把我们几个人上上下下地打量了一番，可能是觉得我们真不太像坏人，这才把我们放进去。

我们心里使劲感谢那老大爷，没想到他把手一伸。我们一愣，他说："这么晚可不好意思白待吧，按人头算每个人 200 元……"

我们傻了眼，一个性子急的哥们儿说："不就猫几个小时吗，还收钱呢？"老大爷说："你也可以不交，出去就是了。"

最后六个人好说歹说给了他 900 块钱，让我们待到早上。那时候的900 块啊……

老大爷转身的时候嘴里还在嘟囔："看什么流星雨，一天到晚没事儿干了吗？"

那天晚上其实大家都没怎么睡着，可能因为房间里有点臭，也可能因为我们六个人挤在一起很像盲流子，更可能因为没看见流星雨以及心疼那900块钱……以至于很多年以后我们聚会时还总把这事当笑话来讲。

这是成年以后生活给我们上的生动一课：

很多时候你以为生活是"自带八块腹肌"，到头来发现根本就是"天然烂泥一摊"，你都不好意思看镜子里的自己。

2

后来在报社工作的时候，每天面对的就是报纸版面，每当翻到财经版就会下意识地把那页翻过去，因为觉得这一辈子永远不可能跟钱扯上关系。

对一个文化人而言，钱那玩意儿，多不高贵啊。

结果在我工作第一年，偶然听到父母的一段谈话才知道，当时父亲做手术花了很多钱，以至于从来没有为家里吃穿用度着急过的母亲也开始了精打细算。

我问母亲为什么不把这事儿告诉我，母亲却说那段时间我正在北京为落实工作的事情忙得焦头烂额，他们离得太远，也帮不上忙，所以干脆就没说。

我一听就跟母亲说，告诉我花了多少钱，我来出——当时我还兴冲冲地想，现在我也挣钱了，也要为父亲的手术费尽一份力。

我妈见我这么说，应该也很感动，然后说了一个数字，却把我吓了一跳，因为它……完全超过了我的预期，不，具体地说是我之前对于做一次手术需要花多少钱完全没有概念，当时我一个月挣的那几千块钱对于这个大手术来讲不过是毛毛雨。

我妈看出了我的尴尬，一下就笑了：没关系，有这份心就行了。

过了几天，她还是私下里跟我说：

你现在工作了，也有能力养活自己了，但是未来可能会面临很多的事情，你要养活的可能也不只你一个人，所以不能再像以前那样天马行空地过日子了。

这番话说得很对。

在这之前我一直生活在学校里，每个月从父母那里领生活费，后来拿过奖学金，也曾做过家教和一些简单的兼职，基本没有因为钱发过愁。也正因为如此，我从来没有想过做手术需要花多少钱，术后康复需要花多少钱，持续治疗还需要花多少钱，更没有想过这笔钱对于一个普通人家来说意味着什么。

另外我还有个妹妹，我大学毕业的时候她接着上大学，所以我离开大学校园并没有让父母的压力减轻。

那天晚上，我也没有睡好。

3

后来，我鼓起勇气开始学着投资理财，结果一进去就亏了个"披头散发"。

　　那是 2000 年左右，中国股市正迈入阶段性高点，啥也不懂的我就这么冲了进去，酷爱打听各种神奇的小道消息，酷爱快进快出想着挣快钱，最后连钱是怎么亏的都不知道……

　　差不多过了四年，当我人生第一次走过一个完整的"牛熊交替"的过程后，我才不得不承认，在投资市场里，赚钱这件事好像并没有我想的那么简单。

　　跟聪不聪明没关系，跟学历高不高也没关系。

　　就像我现在写的这些跟投资理财有关的文章，每一篇的阅读量都很高，也会获得很多朋友的认可，甚至有人因为这些文章开启了投资理财之旅——这听上去是一件特别好的事儿，至少比我当年强。这十几年的牛熊市不断转换，教育了一大批从来没有经历过金钱考验的普通人，大家已经不像以前那样小白了。

　　就算这样，这个过程也并不是一帆风顺的。很多人看了我的文章之后开始尝试基金定投，一开始我也会告诉他们，要长期投资，不要在乎一时涨跌，一定要坚持。

　　但是现实情况经常出人意料。行情好的时候，很多朋友都会觉得"对，你说得太有道理了"；一旦行情开始下跌，他们心里就会出现各种各样的问题：

　　　　刀哥，我是不是应该卖了？

　　　　刀哥，股价会不会一直跌没了？

　　　　刀哥，基金这么亏，什么时候行情才有可能回来呀？

　　　　……

还有人就像我文章开头说的那样，自己觉得害怕，然后悄悄地把基金卖了。

一旦行情突然逆转，又会有人后悔：为什么没坚持住？

还是那句话，大多数普通人接受的财商教育太少了。特别是对于很多年轻人来讲，读书的时候父母不让他们担心钱，工作了之后就让他们一致向"钱"看。绝大多数人并不能那么自如地切换角度，只能自己闷头向前走。

万一运气不好，进入 P2P 这样的陷阱或者歧途，可能就再也拔不出来了。

4

从刚刚开始尝试学习投资理财到现在，我从来没想到我会一直坚持这么多年。

在将近 20 年时间里，中国发生了翻天覆地的变化，我的人生也发生了翻天覆地的变化。回想起来，理财这件事带给我最深刻的感受其实是以下三点：

1. 投资理财说得最容易的是坚持，最难做到的也是坚持。

刚开始的时候不管是因为被市场影响，还是被周围人鼓舞，或者是受到赚钱效应的启发，一开始时都是雄心万丈、浮想联翩，别说投三年五年了，就算投十年、二十年都拍着胸脯说没问题。

事实上，当有些人发现投资并不能一夜暴富，而是需要经过漫长等待的时候，很快就失去了继续下去的兴趣，哪怕一年多的调整就会让他们怀疑人生，结果等上涨真正来了之后才发现自己已经失去了获利的机会。

明明可以拥有，最终却失去，在投资市场里叫"踏空"，在生活中叫完美错过。

2. 在一知半解的时候想法不要太多。

很多人开始投资一段时间后，经历过一番上涨或者下跌的折腾，就觉得自己多多少少有了一些了解，这些了解也被他们看成了经验。

在这种经验的加持下，人们常常会做出一些属于自己的判断——

比如当看到一路下跌的时候，非常担心本金会全部跌没，然后忙不迭地跑掉；

在看到一路上涨的时候，又觉得以后可能还会涨得更高，然后忙不迭地加仓。

结果跑掉的上涨了，加仓的下跌了。

很多人刚开始投资理财的时候都知道制订一个计划，但是他们更容易做到的是"打破"自己制订的这个计划。

事实上，如果那么容易就能得到"正确"的经验，那天下都是大富翁了。

3. 对于绝大多数普通年轻人来说，股票真的不是最合适的理财方式，

基金定投才是。

　　绝大多数年轻人正处在人生发展的黄金阶段，经验、学识在不断积累，人生体验也在不断丰富。这个阶段的大部分时间和精力应该用在工作上，而不是关注股票的一时涨跌上。

　　经过了这么多年，我越发确定的一点是，人生真正可以靠努力获得稳定增值的有且仅有工作收入，特别是在年轻的时候，扎实的事业基础才会构建稳定且不断上升的无风险收入预期。

　　这一点任何一种有涨有跌的投资方式都做不到，所以在这个阶段靠工作稳定赚钱，靠理财长线生财，两条腿同时走路才是财富增值最好的方式。

5

　　回到最初的那个问题，为什么我们之前做得那么好的计划，最后却成了欲说还休的笑话？

　　回头看看，原因不外乎我们自己打破了上面三个原则：目标、时间、方式。

　　很多人在投资开始的时候有一个强大到无与伦比、可以坚持 20 年的目标，真正开始面对亏损的时候却多出了一刻也不想停留、20 个不再继续的理由。

　　很多人在开始时制定了一个远大的目标，可是坚持一段时间后发现离目标太过遥远，顿时兴趣索然、干脆终止了。

很多人借鉴了别人的方法选择了基金定投做长期理财，可是因为市场短时下跌造成暂时亏损，他们就心疼得受不了、不再定投……

看吧，我们的计划制订起来是这么简单，而我们面对变化打破它却是这么轻而易举。

有人一定会问：

难道就不能在投资理财的过程中，产生自己的想法吗？

当然可以，但请先不要在实际操作当中去验证它，你完全可以用"虚拟实盘"的操作方式加以验证。

所谓虚拟实盘，就是你假装自己已经买了某只基金，每天盯一下它的涨跌，就像真正投资一样操作和观察一段时间，就能够验证自己的想法是否正确。如果过程中有所偏差，一定要找到原因。

很多人虚拟实盘操作得很好，但真到投资的时候还是会一塌糊涂，为什么？

因为虚拟实盘损失的是理论上的数字，真实操作面对的是真金白银的损耗。

虚拟实盘不会影响你的心情，因为你知道那是假的，但真实操作很多人都受不了，因为真实亏损会严重影响人的心态。

所以我一直觉得钱是这个世界上最伟大的魔术师，它能让一个人从幼稚走向成熟，也能让一个人从简单走向复杂，更能让一个人明白自己的弱点究竟是什么。

写这篇文章之前，我找到了 2002 年时写的日记，那时候我依然是个投资菜鸟，最开始的投资金额只有两万元。我从来没想到会坚持到现在，也没有想到十多年后的我会成为现在的样子。

我唯一庆幸的是，我做到了让投资理财变成我的生活方式之一，它彻底地改变了我后来的生活，也让我拥有了现在的生活。

这种变化，其实每个普通人都可以做到。

先想想你投进去的
是不是三年之内用不上的闲钱

> 这些钱在三年中完全消失也不会伤筋动骨，既不
> 会影响你的生活水准，也不会引起内心波动，这
> 样的钱才能称为"闲钱"。

在投资理财之初，很多新人问得最多的问题就是：如何才能尽快赚
到钱？

不管从哪方面说，赚钱都是一件让人开心的事，尤其是对于绝大多
数奔波在生活前进道路上的普通人而言，在工资之外如果能多一条钱生
钱的道路，对自己、家庭都是一件极其开心的事。

当听到很多人问起这个问题时，我也会反问，你投的钱是几年之内
用不上的闲钱吗？

他们中有些人会说是的，有的人嘴上说是，心里未必觉得是。还有些人
会说：如果长时间不用，那这钱投出去就算赚再多也没有任何意义吧。

我对快速赚钱这事无能为力。如果你想赚快钱，投入的就多半不是闲钱；既然不是用闲钱投资，亏钱的结局大概率就在前面等着你。

1

绝大多数人在一开始的时候都分不清什么是闲钱、什么不是闲钱。

就像刚开始工作时，一个月赚 3000 ~ 5000 元，不要说北上广深这些一线城市了，就算在一些三、四线城市可能都过得紧巴巴的，很多人觉得自己身上根本没有什么闲钱。

就算再高一点，月薪上万了——在三四线城市甚至很难拿到这个工资，可是在北上广深，月薪上万好像也算不得什么？不说别的，房租水电就先给你花掉一半，再加上日常生活开销，如果再谈个恋爱、出去旅游下……

我的妈呀，闲钱在哪里？

终于熬到月薪三五万，听上去很多了，可这个阶段很多人会组建家庭，养育孩子，老人还会生病，会遇上生活中各种稀奇古怪、躲也躲不开、避也避不了的头疼事，再多的钱在这种情况下也经不起折腾。

作为普通人，当我们要真正开始学习投资理财的时候，首先要想好以下这三个问题：

1. 什么才是闲钱？

2. 闲钱的作用？

3. 怎样拥有人生第一笔闲钱？

理不清这三个问题，在投资理财这条道路上，不管你选择什么样的路径，无论基金、股票、外币还是黄金，你都有可能在未来的某一天掉进自己挖的坑里出不来。

我就曾经掉进过自己挖的坑里——很多年以前，那时候刚刚工作，当一切走上正轨，收入稳定、工作稳定、手里开始有了些存款，心思就开始飞起来了：能不能在工资的基础上多挣一点呢？

那时候正逢股市行情大好，基金行业还刚刚起步，因为我都没了解过后者，所以一头扎进了股市。

最开始的时候手里的存款并不多，大概几万块钱吧。那时候我脑子里完全没有拿多少钱来投资的概念，索性扔了一半进股市。

开始还挺好的，赚了大概一个多月。还没等我开心呢，市场就风云突变，从 2100 多点一直跌到 998 点，时间长达四年。

在这四年当中，我有点钱就往里补，有点钱就往里补，总是寄希望于把之前亏的钱再捞回来。结果非但没有捞回来，反而越亏越多。

算起来，那几年前前后后一共投入了十多万元，最后亏到了只剩七万。

简单说一下这十多万在当时我的收入中所占的比例——并不是闲钱，基本是我生活必备开销、房贷车贷之外的所有节余，一旦生活中有什么事情，便不得不用到这些钱。

那时候脑子里完全没有闲钱的概念，也正因如此，一旦打开账户发现亏损就懊悔得不得了，只要有点钱就想着把之前亏的钱救回来，仿佛前面亏的钱是陷入窘境的弱女子，而后面出去的钱则是打抱不平的侠士。结果弱女子没救出来，大侠士也被抓了进去。

当时投资这事我都是瞒着父母做的。他们并不知道我开始炒股，也不知道我投了多少钱进去，结果在一次特殊情况下，事情露馅了——

那年我表姐家孩子生了白血病，需要紧急筹钱做手术。

表姐万般无奈，开始跟所有认识的亲戚朋友借钱，也找到了我家。按照我家和表姐家的关系程度，这个忙还是应该帮的。当我妈把这事跟我说的时候，我却有些为难，因为我把钱都投进了股市里。

后来我还是想办法借给表姐一点钱，但这件事情让我有了危机意识——我忽然想到：

万一哪天是我家里人，比如父母、我自己或者我妹妹生了病需要用钱，我还是这么捉襟见肘、一筹莫展吗？

当时我一个月的收入大概七八千块钱，以那个时代的物价水平来讲已经算不错，可我对于投资的资金分布完全没有任何概念，因为一直在亏损，又一直想挽救，最后反而失去了方寸。

3

这件事情给了我一个很大的提醒，之后除了恶补跟投资理财有关的专业知识之外，我还花了很多时间接触投资心理学，因为我始终纳闷：

在其他方面那么淡定甚至可以说非常成熟的我，为什么面对投资理财亏损的时候会这么慌张？

这个问题困扰了我很长时间，直到后来看到一本书，上面有这样一段话：

绝大部分投资新人心理上容易出现波动甚至各种负面情绪，一方面是因为对专业知识不了解，另外一方面则是资金的投入比例不当。

拿我自己为例：

一开始我虽然只投入了40%的资金，但是随着后来一次次加码，我几乎把所有可以用的钱都投了进去，以至于一旦生活出现风吹草动，我会顿时变回一只风中凌乱的羊驼。

由于我并没有对投资资金进行明确界定，在投入上失去了具体把控，导致越投越多；在前面资金已经被套牢的时候，急于用后面的资金去解套，结果非但没有捞回来，反而越陷越深。

这种越陷越深的结果其实就是投资心理失衡造成的——

投资心理失衡包括一遇到上涨就兴奋、生怕错过行情继续加仓，真正遇上下跌的时候又怕跌得更惨，不管不顾只想卖出，结果就变成了追涨杀跌。

在这种心态下，根本不可能完成长期投资。

投资心理学上有一个很重要的"闲钱原则"：

只有闲钱才是保证健康稳定投资心态最重要的基础；如果你不能用闲钱投资，那么想赢怕输、瞻前顾后以及越陷越深的情况就会缠绕着你。

而什么是闲钱？很简单，那就是"至少三年之内用不上的钱"。这里说的三年之内用不上，并不仅仅是自己用不上，甚至必须考虑到家人用不上。

再说得极端点，你要有这些钱在三年中完全消失也不会伤筋动骨的觉悟。它的消失既不会影响你的生活水准，也不会引起内心波动，这样的钱才能称为"闲钱"。

如果不是闲钱，也不是说不能投资，但这一定不是长期投资，因为这样你的投资行为所面临的压力和需要的定力会成倍提高。

4

从这个角度说，闲钱投资一定要注意以下三个特点：

1. 它绝对不包括你吃穿用度这些必备开销所涉及的范围，而只是生活必要开销之外结余资金的一部分。

也就是说，并不是所有生活开销之外的钱都应该被看作闲钱，如果那样，你的日常资金储备有可能太过紧绷；通常来讲，它应该是生活开销之外，资金节余的三分之一到一半。

2. 闲钱的计算方式——如果一个人月薪 1 万，生活必需开销包含房租水电为 5000 元，那么在剩下的 5000 元里最多可以拿出 2500 元作为远期开销的"闲钱"，而剩下的 2500 元则作为近期开销而储备。

也就是说，你要把生活必备开销之外的那部分钱分成两部分，应对近期和远期两个不同目标，而远期目标的那部分就是"闲钱"。

3. 以年为单位存下闲钱——按照前面的例子，差不多到了一年之后，我们手里会存下 6 万元左右，这 6 万元中至少有 3 万元可以一次性投入类似基金这种长期理财项目中，这就是闲钱投资。

而剩下的 3 万可以用作下一年度的预备开销，如果不想它"趴"在活期账户上，可以买成三个月短期理财、货币基金或者短债基金。

如果每年都能进行这样一笔"闲钱投资"，那么循环往复，用不了多久，你家里的投资组合就建立起来了。

虽然大部分人在生活中会遇上这样那样的挑战，但从概率上来讲，人的生活不可能每一年都碰上这样的挑战，总有相对平稳的时候。

特别是在年轻的时候，无论是身体状况、精神状况还是收入上升趋势都处在一个相对比较好的状态，遇到的困难相对也比较少，更有利于我们结余闲钱。

所以在 35 岁之前，大家一定要尽可能地积累出一笔闲钱，因为 35

岁之后，大多数人都会面临很大的生活压力，包括成家立业、结婚生子、赡养父母和抚养子女等等，还可能会遇上疾病。这个时候如果没有闲钱的"帮扶"，一定会出现很多困难。

5

另一个具体的操作，是如何存下闲钱。

首先是强制性结余。

不管你挣多少钱，如果想在 35 岁之后有足够的能力抵御一些突发情况，必须拿出固定收入的 20% ~ 30% 作为"闲钱强制结余"。

在这方面，我一直建议新人小伙伴操作的基金定投，其实就是一种"闲钱强制结余"。

因为如果没有闲钱的话，未来真的是寸步难行，我自己就是这样一个例子：

35 岁那年我父亲生病，被连下几道病危通知书，花了很多钱治。从那一年开始，他就进入每年求医、每年病危的状态。

所幸那时候我已经开始"闲钱投资"有些年头了，不仅挽回了前期损失，还帮助父亲完成了治疗——如果没有长期投资理财的支撑，我们可能很难延续父亲的生命。

其次，必须尽早开始投资理财。

仅仅是存钱或储蓄一定是不够的，因为储蓄的利率太低，经常跑输CPI（消费物价指数），这样你存在银行里的钱就相当于在贬值。

长期投资理财的方式虽然有很多种，但是以我这么多年的实际操作经验看，对于绝大多数普通人来说，基金定投是最好的选择。因为它简单明了，同时省时省力，操作没有那么麻烦，更重要的是它不需要你有太多个人的想法。

可以这么说，如果你能够严格按照投资原则长期坚持下去的话，超过三年都很难亏损——如果亏了，多半是你在中间没忍住，进行了多余操作。

再次，在过程中积累和学习。

很多年轻人总觉得自己收入不够高，没必要进行投资理财。这个想法真的是错误的，不管你一个月挣多少，每个月拿出10%的钱进行投资理财并不为过。

很多基金的定投门槛是300元左右，300元对很多年轻人来说往往只是一顿饭的开销。

我的读者中很多新人小伙伴最开始也是这样，他们被我在2016年左右吆喝赶上了这条船，四年过去，他们的生活因为参与基金定投举步维艰了吗？没有。

而且，以前月光族的小伙伴会发现自己的名下忽然有了一笔资产，而且这笔资产还在不断增值，这对很多年轻人来说真是一件让人意外又高兴的好事。

6

最重要的是，当你领会了"闲钱投资"，心态会变成乐山大佛一样稳。你会发现无论股市涨跌赚亏，心里都没有太大的波动。因为这些是你的闲钱，在三年之内都用不上，那么它们在一天、两天、一周、两周甚至一个月、两个月当中亏损与否，其实并不会太影响你的心态。

很多人说投资市场不会永远是赚的，同样，投资市场也不可能永远赔——中国的股市常常有"熊长牛短"的特点，这意味着我们经常会经过特别漫长的几年熊市，才能迎来可能短短一两年的牛市。

这个过程听起来不太好受，但这也意味着我们能够在更长的熊市当中，以更低的价格买到更便宜的筹码——我说的是基金——如果这部分钱是你的闲钱，你就有足够的定力和承受力，看着它在未来不断发生变化。

这个过程同样会反过来影响你的工作和生活。

当有一笔投资在你身后时，你的心理会不由自主地变得强大，不会再为一时的困难而慌乱，也不会因为短暂波动而失去分寸，你会有更良好的心态，这就叫"傍大款"。

没错，我们不需要找个有钱人"傍大款"，完全能让闲钱投资成为我们身后的"大款"。

无论是工作还是生活中，这种稳定而持久的心态对于绝大多数投资者来说都是可望而不可即的。它意味着你已经有了独立的判断力、强大的自信和长期的自控力，它会让你告别慌张、忙乱、患得患失，你的心态会越来越稳定和健康。

而这一切，都是闲钱投资带给我们的变化。如果你不能把"闲钱投资"当成自己的生活方式，那么你就很难在生活中享受到它带给你的快乐和帮助。

别管别人过得多潇洒，
先让你的存款达到六位数

即便是十万元这样一个看上去很大的六位数，一旦放在一段时间当中并平摊下去，你还会觉得这是一个遥不可及的目标吗？

前两天看到一条新闻，一个 90 后年轻人因为过度消费欠下巨款，结果被家人赶出门外。这条新闻看得人心惊肉跳，忍不住问周围关系比较好的三个小伙伴一个问题：现在的年轻人都不存钱的吗？

他们清一色的 90 后，其中最小的那个是 1997 年的，今年才 22 岁。

他们听了这个问题立即白了我一眼：

"刀哥，你已经七老八十了，你怎么能理解我们年轻人的痛？我们当然想存钱了，但是哪里有钱可存？你别再问这个问题了，再问你就是何不食肉糜！"

我听了这话赶紧闭嘴，但后来想想又觉得不对：他们收入最少的每月 6000 元，最多的每月能挣到 15000 元，在北京，消费虽高，但也不至于一点钱都存不下来吧？

是没钱可存，还是根本就没有存钱的习惯？

1

这三个小朋友中最年轻的小 A 今年刚刚本科毕业，税后收入 6000 元。

小 A 毕业后和几个同学合租在一个公寓里，每个月房租是 1500 元，再加上水、电、煤气、手机、交通等费用，固定开销差不多在 3000 元左右。即便这样，按理说她每个月应该至少有 3000 元的固定结余。

再说小 B。

小 B 是男生，在一个公关公司工作了三年，收入差不多有 10000 元。按他的说法，房租、水电等再加上一些杂七杂八的开销，每个月固定要花掉至少 5000 元。如果这样，正常节余也应该还有 5000 元啊？

情况最好的是小 C。

小 C 在一家跨国企业工作，今年 27 岁，月收入 15000 元。她在一个高档写字楼上班，出差都是住五星级酒店。无论从哪方面说，她都是三人中收入最高、条件也最好的，可 C 说这个收入仅够她在北京的开销。

三人都说自己没什么存款。情况好一点的是小 C，银行户头里大概有四万多元，除此之外，没有投资、没有股票，也没有其他的资产。这四万多储蓄中的两万，还是去年的年终奖，她一直忍住没花。她说，这已经是她工作几年来存款最多的时候了。

而小 B 的存款则只有一万出头。他说他也不是不想存钱，但就是存不下来。存款最少的是小 A，因为刚刚工作，她基本上没有存款。

这其实还好理解，但她后来有些不好意思地说，她的信用卡还欠了一些钱，是账单分期还的，还没还完……

原来她不仅是月光，现在已经成了"月负族"。

当我建议他们应该让存款起码达到六位数的时候，他们都把我当傻子一样看着，就差一边骂着"何不食肉糜"一边冲上来打我了。

可是，这真的是个很难完成的任务吗？让我们来拆解一下。

2

在为什么存不下钱这件事上，三个人各有各的解释。

小 A 刚工作，算起来每个月能节余 3000 元，但是她说她刚工作，有很多开销回避不了。比如说前段时间光买一台电脑就花了好几千，用掉了她将近一个月的收入，如果再算上出去跟朋友聚会什么的，那点钱一定不够花。

小 B 说，其实他自己也没有怎么大手大脚花钱，也没买什么奢侈品，但他有个"很费钱"的地方，那就是谈恋爱。

他告诉我，每周出去跟女朋友见面、吃饭、看电影，怎么都得花好几百，这些钱总不好意思让女生花吧，几百块说多不说，说少也不少，一个月下来几千块钱也就出去了。"刀哥，那你告诉我，我应该怎么存钱？"

小 C 说得就更直接了："在我们那样的公司上班，衣服不能穿得太廉价，鞋子也不能太廉价，化妆品也不能太廉价。一旦被人看出来，大家会笑话你，所以我每个月这方面的开销就要占很多。"

"在这种情况下，我还能存出四万多块钱来，已经算是超水平发挥了。"

……听上去好像都挺有道理的。

问题是，很多时候，存钱应该在消费这个行为之前而不是之后——

每个月收入发下来后先进行"强制储蓄"，这样才能确保存款能细水长流积少成多，也是年轻人应对未来不时之需最简单的方式。

我以前刚工作的时候，一个月也就 3000 块钱，加上房租、水电费、电话费、交通费，剩下也就 1000 多块钱。

不管结余多少，我每个月至少会把其中的 30% 存到银行户头里。

这个习惯从我刚开始工作时就养成了，一直持续到现在。

别看不起这 30%——刚开始的时候收入低，30% 算不上什么，几年后收入提高了，30% 就不是一个小数字了。

如果你没有养成"强制储蓄"的习惯，即便以后收入提高了，依然存不下什么钱，小 C 就是这样的例子。

实际上，当你经历过一些事情之后就会知道，很多时候如果你没有一笔马上能拿出来用的钱，你就会被很多问题难住。

别说去借，现在除了爹妈，谁愿意借钱给你啊？即便是亲人，手心向上的日子也不好过！

3

关于用钱和储蓄的这些习惯主要沿袭自我的父母。

我父母那一代人吃过很多苦，受过很多罪，因此对很多事情没有太多安全感，所以当条件稍微变好一点后，"存钱"便是他们觉得最快乐也是生活中最有奔头的一件事。

即便后来改革开放，生活改善了不少，父母依然会在领到工资后做固定储蓄，这种习惯我从小耳濡目染。

当我走上工作岗位有了赚钱能力之后，每个月把结余的至少 30% 存到银行是一件雷打不动的事。

最开始的时候真的不多，有时候只有 300 块。

用母亲的话说，这些钱别看现在少，日积月累就多了，真到用得上的时候，你就会知道它有多"值钱"，因为它能做很多你预料之外的事。

别看我现在经常在网上写关于投资理财的文章，但投资理财真的是在我养成储蓄习惯、存款达到一定数额之后才开始琢磨的事。在此之前我根本不敢去想，即使想也不知道有什么方法可以做。

可以这么说，储蓄是我在投资理财道路上的第一个"老师"。

存钱是一件会让你越做越上瘾的事——当你发现账户里的钱在不断增长时，内心的焦虑感就会降低；当存款达到了一定数量时，这种焦虑感就会彻底消失，变成各种各样的想法。

这些想法五彩斑斓、无比美好，但在此之前，你根本够不着它。

比如，那一年当账户里有了第一笔私家车首付的时候，我几乎不敢相信：我居然也能买一辆自己的车？

又过了一段时间，房子的首付也终于存出来了——原来我也能有机会买一套属于自己的房子！

当然那时候北京的房价还算便宜，普通人能够负担得起，可那时我们的工资也不高，这些都是我之前想都没有想过的幸福和安定。

在这个过程中，我还遇到过亲戚家的孩子重病、自己家里出了一些问题，这些生活中的问题无可避免，而它们中的绝大部分都要靠钱来解决。

钱在什么时候最值钱？当然是在你缺钱的时候，也只有这个时候，你才会觉得钱是一个多么温柔可爱的小东西啊！

4

真正经历过一些事情之后才会知道，如果你手里没有一笔马上就能拿出来用的现金的话，就会特别缺乏安全感。这种安全感一方面来自对可能出现的问题的解决，另外一方面来自对风险的从容应对。

还是那句话，生活中的风险真的远远大于投资理财和储蓄的风险。

储蓄这件事，只要你做，哪儿有什么风险呢？

我必须说，在我二十多岁的那个时期，并没有那么多的消费诱惑。那时候花钱基本靠现金，办信用卡还需要单位开证明信，哪像现在，有身份证你就能申请一张信用卡。

我第一张信用卡的额度好像只有 500 元，刷了恨不得两年才提到 2500。不像现在，随便一张卡都是 5000 元或 1 万元起步的额度。

那时候因为离不开现金，客观上限制了很多人消费——而现在出入都是网约车，连买菜都能刷手机，用支付宝或者微信支付的时候就跟花的不是自己的钱、不需要还一样，一点感觉都没有。

连一向勤俭持家的我妈，在学会了手机支付后，也买了很多用不上的东西。所以，这个阶段人必须正视的另一个问题是：

让我们存不下钱的不仅是超前消费，还有"无谓消费"。

所谓无谓消费，就是买基本用不上的东西——就像文章开头那条新闻中的 90 后女生，她买的很多东西基本就是留在家里蒙尘。

所以问题的关键不是消费本身，而是了解消费的目的。

花钱只有一个目的：那就是满足某个必备需求，从而使你的生活质量得到提高。如果不能满足这个条件，那这笔消费基本就是"无谓消费"，可以直接省了转成储蓄。

按照这个逻辑，你就能够判断什么样的钱该花、什么样的钱不该花。比如私家车，它能够极大提高人的生活质量和生活半径，所以对于很多需要经常出门又有足够支付能力的人来说，这就是一笔应该花的钱。

即便现在买车可以很方便地贷款，车价也降了不少，但 20% 的首付，也就是几万块钱总是需要的。对于一个没有太多理财经验的年轻人来说，你至少得先存出这笔钱来，对吧？

5

生活中需要钱的地方很多，很多人超前消费的生活固然潇洒，但这种生活一旦遇到哪怕一点很小的风险，都会让你措手不及。

不管别人怎么潇洒，先让你的银行账户存款超过六位数。

有些小朋友可能会觉得这是一个很庞大的任务。六位数，10万块钱呢，这可不是一个小数字。

没错，从单一的时间来看，这10万块钱真的不是一个小数字。别忘了，财富的积累从来都不是一蹴而就的，常常需要在一段时间内完成。

咱们来做一道数学题吧：

如果现在让你拿出10万块钱，你觉得很困难，如果把这个时间延长到三年或者五年呢？

先看三年。

如果三年要存出10万块钱，平均每年是33 000多元，平均到12个月，那就是2700元。

也就是说，你从现在开始每个月存2700元，三年以后你必然能拥有10万元存款。

再看五年。

如果需要在五年中得到10万元存款，平均每一年需要存下2万元，而每个月你只需要存下1600多元，坚持五年就能达到目标。

你看，即便是 10 万元这样一个看上去很大的六位数，一旦放在一段时间中并平摊下去，还会觉得这是一个遥不可及的目标吗？

那么为什么还会有那么多人拿不出这 10 万？

是因为他们每个月没有这 2700 或者 1600 元钱吗？显然不是。

那是因为他们没有这三年或者五年的时间吗？当然也不是。

无论小 A、小 B、小 C，以他们的收入情况其实都能够达到这样的数字，但实际上都没有做到这一点，那问题出在哪里呢？

6

首先是花销的随意。

这种随意性虽然和移动互联网带给我们的便捷程度有一定关系，但更来自我们没有长远和周全地考虑过花钱和存钱这件事。

这个问题可以有很多解决办法，比如记账，再比如类似"强制储蓄"般地"限定消费"——限定消费并不是限制消费，而是将消费控制在一个合理范围内。这对绝大多数年轻人都有很现实的意义。

其次是规划的缺失。

最近这些年消费主义不断抬头，导致了很大一部分年轻人超前消费，明明没有那个经济支付能力，偏偏想花很多的钱。就像文章开头那条新闻说的那个年轻人，每个月收入 8000 多元，花费却能达到好几万。

这种病态消费观一方面来自环境的影响，另一方面因为她从来没有存过钱。当她后来体会到存钱的辛苦，立马觉得以前做的事很荒唐。

另外就是对未来生活规划的缺失。

很多年轻人常常因为收入不高，觉得存钱没意义，其实越是没钱的时候才越要存钱。这就跟越年轻越要理财是一个道理，否则你靠什么改变现状？

即便你的薪水可以水涨船高，如果你没有规划，即便你是小C那样的情况，还是会觉得茫然无助。

就像她说的，尽管现在看上去还好，但是心里透着"没底气"三个字，不敢生病，不敢辞职，更害怕家里出点什么状况。

所以存钱这件事情，首先是解决心理焦虑问题。不管怎样，生活中大部分问题的解决都需要一笔马上能拿得出来的钱。

另外，当你的存款一旦达到某个临界点，你就会发现人生打开了新的一页。

在这个临界点以下，你会缩手缩脚，有些事情你即便想到也不敢去尝试；在这个临界点之上，你的胆量会一点点增加，会敢于尝试一些新的事情，会给自己争取到更多更好的机会。

这个临界点就像一个催化剂，会帮助你提升眼界，看到更好更远的世界。而在现阶段，六位数存款就是一个属于普通人的合理的临界点。

从数学的角度讲，从1万增长到10万翻了10倍，从10万增长到100万也是翻了10倍，尽管在倍率上完全一样，但在数值上差别极大。

　　这就要求我们不能用单一存款的形式完成第二次增长，也会推动着你不断寻求新的资产增值方式和投资理财方法，就像我和读者群里很多年轻小伙伴现在正在做的一样。

　　如果你没有达到这个临界点，你根本不会体会到这些。

　　不管别人过得多潇洒，希望大家先解锁人生的第一个财富任务，那就是让你的银行账户里存款达到六位数。

　　至于已经达到六位数的小伙伴，七位数、八位数在前面等着呢！

普通人拿什么
去对抗烈性通货膨胀

> 不管我们面对的是什么级别的通货膨胀，
> "三金法"都是行之有效的方法。

2020年真的可以算得上是神奇的一年，因为疫情，很多人的收入受到影响。而市场的形势却冰火两重天，一方面股市大幅上扬后开始强势震荡，另一方面国内外形势复杂，更让很多人看不懂。

很多熟人私下交流的时候都对这种情况忧心忡忡，因为这种形势和环境是过去四十年顺风顺水的情况下从来没有遇到过的。

四十年已经足够改变一两代人的记忆，更年轻的那拨小伙伴，因为出生在发展最快、环境最平稳的时代，早已经不知道过去曾经经历过什么。

但是人对风险的嗅觉还是要有的，尤其是在内外部环境的冲击下。这几天收到最多的问题就是：

作为普通人，我们可能面对什么样的风险，又应该怎样面对？

对普通人来说，最应该防范的风险其实只有一个：通货膨胀。

1

每次跟年轻读者交流"风险"这件事时，都会有一种明显的感觉：

这拨年轻人其实对未来可能遇上什么并没有太过明确的概念，甚至让我们印象深刻的生活、工作、成长中的问题，他们在这个阶段也体会不深，真正让他们有所体会的就是一件事：

钱。

就像那天我实在忍不住对"嘻嘻哈哈"的他们说了一句狠话：

群里 95% 的人，最大的风险就是没钱！剩下 5% 的人，风险就是钱不够多！

群里安静了片刻，有人说："要不要说得这么直白扎心啊？"可是，不扎心怎么能知道自己究竟缺什么？怎么补？

说实在的，现在的环境，无论是生活、工作还是学习，都比我们年轻的时候好太多，也正因如此，一旦出现一些意想不到的情况，就更容易让人患得患失，进退维谷。

说到底还是两个问题：

一是钱不够多，二是钱不够值钱。

当我长大以后，对通货膨胀这件事始终保持很高的警惕——毫不夸张地说，我开始尝试投资理财的最大动力，也来自这种警惕。

这种警惕通常都会让我用很短的时间决定做或者不做一个跟钱有关的选择，而在判断投资理财收益的时候，与通货膨胀率之间的对比也是我下意识的举动。

所以在我心目中，年轻人最应该防范的风险除了钱不够多之外，就是通货膨胀，尤其是后者。

最行之有效的，无疑是"三金法"。

2

应对低烈度风险：债券基金足够。

所谓三金，首先就是"基金"。

关于基金，我在之前的文章和上一本书中已经多次介绍过，微博上也有很多相关内容。

而关于通货膨胀风险，其实也分为几个层级，首先是最初级的低烈度通货膨胀。

所谓低烈度，是指货币的贬值程度比较小，通常在2%~4%这个区间。

在这里要跟大家普及一个概念，通货膨胀并不完全是坏事，尤其是低烈度通货膨胀，通常都发生在经济运行良好、居民收入增加的时代。

因为钱更多了，大家的钱才会一点点贬下去，但是这个速度非常平缓，对国民经济运行没有太大坏处，是可以接受的。

但这也并不是说我们可以对它完全视若无睹。

低烈度通货膨胀阶段应对的方式有很多：比如债券、银行理财产品，甚至一些结构性存款都可以。因为此时通货膨胀率比较低，所以只要这些产品收益率超过 4%，那就算我们跑赢了通货膨胀。

从这个角度说，普通人应对低烈度通货膨胀最适宜的产品是债券基金。

债券基金风险不高，而且基本集合了前面所说的那些投资项目的所有优点：相对稳定、灵活，不仅可以有收益而且还随时待用，在购买上也没那么麻烦。

因为少量配置了股票等资产，债券基金的收益又要比前面那些产品高很多，一些债券基金的年收益甚至能到 6% 左右。

这个数字已经足够覆盖低烈度通货膨胀带给我们的大部分压力。

3
应对中等烈度通货膨胀：非股票类、指数类基金莫属。

和低烈度通货膨胀相比，如果我们手中的钱贬值的速度更快，那就有可能进入中等烈度通货膨胀。

通常中等烈度通货膨胀会有 6% ～ 8% 的通货膨胀率。

这时候光是债券基金可能已无法完全弥补通货膨胀对我们生活的影响，必须考虑加入指数类、股票类基金。

虽然指数类、股票类基金在短期内的投资风险比较大，甚至在某一两个年份中的收益率会亏损 30%，但是从长期投资的角度看，如果你采取基金定投这样分散风险、科学合理的投资方式，即便是风险这么高的基金，平均年化收益依然有可能达到 10% 左右。

这个数字抵御中等烈度通货膨胀已经完全没有问题了。

而这种合理的投资方式就是我一再跟大家建议的"蓄水池＋定投"的投资方式：定投能够削峰填谷，平抑我们的购买成本，同时一次性买入的蓄水池又可以帮助我们保持投资的整体规模，不至于在牛市踏空。

即便遇上后市从牛市转为熊市，后市不太看好，我们也可以优先卖出蓄水池中的基金份额以降低仓位，只保留定投。

当然频繁买卖基金实际上对普通人来讲并不合适，不符合普通人"长期、闲钱、定投"的投资三原则，所以通常不建议大家这样操作。

事实已经证明，即便我们不进行这样的操作，而且蓄水池建在 6100 或 5100 这样的阶段性高点，来不及减仓，此后市场大幅下跌进入熊市，只要我们保持着定投，用不了几年我们的亏损就会全部赚回来，而且会再创新高。

去看下很多遭遇了 2015 年股灾之后的基金目前的净值变化图，你就

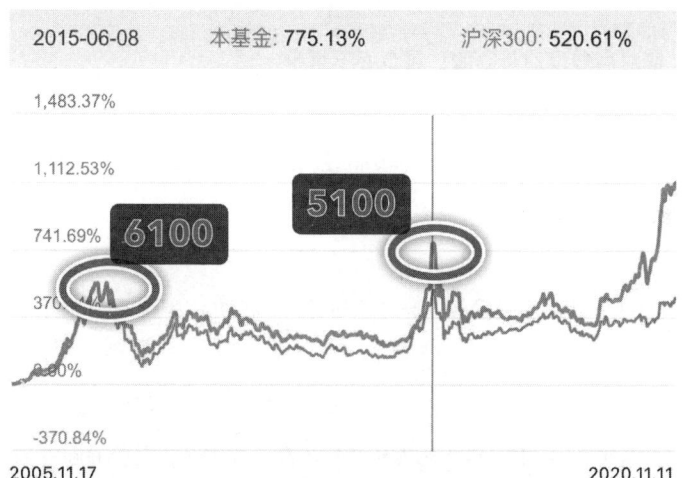

能明白我在说什么。

只要选择了科学的投资方式和保持稳定的投资心态，你就应该把未来交给时间，"用时间换空间"这句话真的不是说来听听的。

可很多小伙伴在开始基金定投之后，对它的收益过于看重，完全忽略了基金投资的另外一个作用：抵御通货膨胀。

即便是市场不好，通过几年的定投我们依然可以获得年均 10% 以上的收益，抵消通货膨胀。一旦进入牛市节奏，你获得的收益将远高于这个数字。

可是牛市不常有，而通货膨胀常有，哪个更重要？

4

应对高烈度通货膨胀：黄金必不可少。

现在年轻的这拨小伙伴都没有经历过高烈度通货膨胀，那我再说一个例子你可能就理解了：房价。

2000 年我在北京买第一套房子的时候，东四环房价 3800 元每平方米，总价 38 万。

2006 年同一个地方的房价已经涨到 12000 元，总价 120 万。

而到了 2016 年，那个地段的房价已经是 6 万元，总价 600 万元。

短短 16 年，同一个位置的房价已经涨了 16 倍！

也就是说，相对于房价来说，钱贬值的速度非常快。16 年前的 100 元，16 年后只相当于 6 元多，这个贬值速度是不是很惊人？

当然现实中的通货膨胀率跟房价之间的对比还是有很大区别的，尤其是通货膨胀更多发生在跟民生有关的消费领域，在这方面房产的价值并不具有很强的代表性。之所以选择它来做例子，只是便于大家理解。

实际上，我国已经很多年没有出现高烈度通货膨胀了，这也让很多人对它的警觉逐渐降低。可实际上，资产贬值的风险并没有远离，倘若形成温水煮青蛙的态势，高烈度通货膨胀一旦爆发更容易让人猝不及防。

那么，如何防范高烈度通货膨胀呢？

国内最近 30 年我们找不到更好的例子，那就看看国外。

20 世纪 90 年代末亚洲金融危机爆发，本来经济发展良好的泰国货币遭遇索罗斯的狙击。泰铢猝不及防，短时间内大幅度贬值，国民在过去几十年间积累的财富几乎毁于一旦。即便后来危机过去，泰国也花了很多年才走出当年的影响。

类似的例子还有 1997 年的韩国，金融危机中，韩国货币大幅贬值，国家信用大幅降低，国民经济行将崩溃。这时候，众多韩国国民将手中的黄金捐献出来，增加国家黄金储备，以稳定韩国货币和经济形势。

可以这么说，韩国之所以能够比泰国更快地走出金融危机的影响，跟当时韩国民众的捐金运动有一定关系。

而在那之前，中国人手中是很少有个人黄金储备的，除了一点黄金首饰之外。韩国人捐金救国的行动让当时的很多中国人印象深刻，同时也间接推动了中国黄金储备进入民间的趋势。

5

购买投资金条并不仅仅是为了自己。

年纪稍长的中国人都知道，1997 年亚洲金融风暴的影响有多惨烈，几乎让东南亚几十年发展的财富毁于一旦。

由于当时中国还没有加入世贸组织，经济开放程度远不如现在，所以那场金融风暴对中国的影响并不像东南亚那么大。即便如此，我们的发展速度也突然放缓。

而且 1997 年香港回归前后，索罗斯把狙击目光对准了香港，对港币发动了货币战争。如果不是中央政府在关键时刻动用国家外汇储备出手，当时的形势非常危险。

有兴趣的小伙伴可以去检索一下亚洲金融风暴，里面有详细描述。

从泰国被打得奄奄一息，到韩国民众捐金救国，再到香港金融阻击战，1997 年前后的动荡程度绝对不亚于 2020 年。

那场金融风暴对中国来说也不完全是不利影响，它让高层逐渐意识到：

抵御风险并不能完全依靠中央政府。也正是在那之后，国家对于黄金交易逐渐放开，投资金条这种实用性更强、保值作用更高的贵金属产品也更多地为普通人所熟悉。

可以这么说，亚洲金融风暴从一个侧面推动了中国"藏金于民"的步伐。很多购买限制被取消，购买和交易便利程度也不断提升，连国家回购这一以前仅面向对公交易的举措也同样适用于个人交易。

看完上面这些历史，很多年轻小伙伴是不是觉得很神奇？这些都是发生过的事实。

面对高烈度通货膨胀，个人的努力微乎其微，黄金毫无疑问是最好的抵抗风险的产品。

原因很简单，因为它具有国际通行价值、货币价值、流通价值。这三点注定了它面对高烈度通货膨胀时仍然坚若磐石。

这也是我建议小伙伴可以每年购买一根投资金条的原因。因为万一发生高烈度通货膨胀，你手里的黄金不仅价值能极大提升，而且可以在需要的时候帮助国家抵抗风险——想想韩国人当年的捐金救国。

6

应对高烈度通货膨胀的另一个盾牌：美元。

决定一个国家抵抗风险的能力，除了黄金储备外，还有我们更熟悉的外汇储备，而外汇储备中最重要的毫无疑问是美元。

美元以前也叫美金，那是因为几十年前美国实力空前强大，强行将美元和黄金价值等同起来。后来随着布雷顿森林体系的瓦解，美元和黄金价值的联系被中断，但美元依然是国际货币体系中最大的组成部分。

如果要判断一个国家的整体经济实力，除了 GDP 和增长率之外，外汇储备也是一个重要因素，而外汇储备通常是以美元为单位的。

在 2001 年之前，普通中国人只有出国才能凭借签证购买一些外币，那时候美元在国内无法自由兑换。2001 年我第一次出国就是这样。

2001 年中国加入世贸组织后，这种情况逐渐得到改变。公民个人兑换美元的额度从 2000 美元逐步增加到 5000 美元，后来又上调到每年 5 万美元——这个举措极大地加快了普通中国人手中美元增长速度。

跟"藏金于民"一样，"藏汇于民"也能整体增加国民经济风险抵抗的能力。

以前只有政府部门能够拥有黄金、美元，但政府的容量终归有限，一旦 14 亿普通人加入这个行列，中国经济的整体容量和风险抵抗能力就强多了。

从这个角度说，黄金和美元不仅是政府部门，也是普通人抵御高级别经济危机和高烈度通货膨胀的最好盾牌。个人的风险抵抗能力提升了，国家的风险抵抗能力也就提升了。

这也是我建议普通人在力所能及的范围内，适量配置部分美元资产（美元现金、美元基金）的重要原因：

"黄金＋美元"是对抗高烈度通货膨胀的最好方法。国家尚且如此，个人能出其右？

所以，不管我们面对的是什么级别的通货膨胀，"三金法"都是行之有效的方法：

基金、黄金、美元不仅可以使我们的资产得到健康增值，还能极大提升我们对抗风险的能力。

作为普通人，我们时刻要有一个觉悟：我们可以力量微弱，但是不能没有准备。如果没有任何准备，万一发生通货膨胀，我们可能连韭菜都做不了，只会变成时代的蝼蚁。

我不愿意这样，相信大家也不愿意。

第二章

理财小白实操
备忘录

如何扛过
人生第一个熊市

人在欢欣鼓舞的时候，常常会迸发出无尽的动力和
信心；而人在失望沮丧的时候，则会持续不断地怀
疑和犹豫。问题是，你不能给自己挖坑，因为多数
担心和害怕，都是自己给自己加上去的。

在那年夏天最后一个月的小尾巴上，忽然收到读者小 A 发来的一条私信：
"刀哥，基金一直在跌，已经快一年了，怎么办？"

收到小 A 这条私信是 2018 年，而她是在 2016 年底看到我在理财专
栏中发的那篇《女生理财傻瓜宝典》后开始基金定投的。那一年她 28 岁，
在一个二线城市工作，已婚，月收入 8000 多，但之前都是月光，没什么积蓄。

在我的读者中，她其实很有代表性。

我的读者大多年轻，18~35 岁占了绝大多数。这一代人比我们要幸
福一些，生活条件和社会环境也要好一些，相应地，生活压力也要大一
些——我们至少还赶上了北上广房价几千块的年代，他们并没有。

生活本来是公平的，不可能每一项都让你满意。

所以当他们第一次踏进跟金钱息息相关的投资理财大门时，很容易产生下面这样的想法：

如果一天涨了 500 块，一个月就能赚 15000，比现在工资高多了！

如果一天跌了 500 块，一个月就要亏 15000，比我赚的都亏得多！

……

上涨的欢欣鼓舞谁都知道，可下跌的痛苦折磨就不是每个人都能扛过去的，所以对小白来说，必须学会面对那折磨人的小妖精——"下跌"。

1

真正知道什么叫害怕，大概是亏损教给你的第一课。

这种害怕并不是因为你做错了什么事，而是你明明觉得这么做是对的，但又担心没有扳回来的可能。

小 A 就是这样。不仅是她，其实绝大多数初入投资市场的小白都会面临同样的问题：

她当然知道以前的月光是不合适的，毕竟父母在一天天变老，谁也不可能一辈子当谁的宝宝。

她当然也知道适当的投资理财对她这个阶段来说是必要的，否则面对未来可能越来越多的开销，光靠她和先生两个人的死工资肯定是不够的。

她甚至知道像她这种情况，基金定投是最合适的投资方式，既不用像买房那样占用大笔资金，又不像炒股那样风险巨大让人牵肠挂肚。

……

就算这样，当 2018 年基金随着股市持续下跌了一年、账户收益栏里已经出现负值的时候，小 A 开始担心：之前定投买的基金，是不是要彻底这么亏下去了？

我安慰她："别着急，继续看看。"结果一个星期之后，因为中美贸易战，中国股市再度出现调整，连带各类基金净值再度下跌，小 A 终于忍不住了，又一次发来私信：

"刀哥，周围很多人都说中国经济面临危机，股市也要崩盘了，这样真的没问题吗？要跌到什么时候呢？我亏得越来越多了……"

我实在忍不住纠正她："不，你现在其实并没有亏损。"

她说："之前的收益都变成负的了，还没有亏啊？"

我说："是的，除非你现在决定卖掉所有基金离场，那样才是真正的亏损。"小 A 听了很担心："万一咱们国家的经济真的出现危机了呢？"

先不说中国目前的经济体量对各种波动的包容程度，光是不去考虑那万分之九千九百九十九，却只想着那虚无缥缈的"万一"，这样的想法着实让人有些忍俊不禁。

不过站在一个之前很少关注经济的小白的角度，我对小 A 的忐忑很理解，但是真的没必要。因为绝大多数时候这种"万一"并不会发生，就算真的发生，你也一定跑得比很多人都快。

但小 A 的担心并没有缓解，最后我实在没忍住问她："你是投了很多钱吗？"

她想了想，有点不好意思地说："每个月定投 300 块，现在已经两年了，本金 7200 块，亏了 10%，差不多 700 块……"

好吧，700 块就能让你吓破了胆，你赢了！

2

其实钱多钱少并不重要，重要的是如果你是投资市场里的小白，面对看上去遥遥无期的下跌期，应该怎么办？

人在欢欣鼓舞的时候，常常会迸发出无尽的动力和信心；而人在失望沮丧的时候，则会持续不断地怀疑和犹豫。问题是，你不能给自己挖坑，因为多数担心和害怕，都是自己给自己加上去的。

答案一：先想想当初为什么要开始投资理财。

绝大多数人的担心和害怕，来自原有财富的不断缩水，以及不会再有机会扳回本。问题是当初为什么开始理财，很多人也都忘记了。

像小 A 这个年纪的读者，面临着家庭生活、父母养老、工作打拼等多方面压力，即便是在二、三线城市，8000 元左右的薪水也不见得够用，更何况货币贬值的趋势是一定的，大多数人的薪酬上涨速度常常会被温水煮青蛙一样的通货膨胀渐渐淹没。

所以，大部分人在最开始是为了能够手有余钱，同时实现资产保值增值而进行投资理财的。

为此，他们还给自己制订了以下计划：

1. 投资时间至少三年；

2. 采用最能平抑风险的基金定投方式；

3. 总投资金额不超过每月净收入的 30%；

......

这一切看上去井井有条，没有任何问题。但是当市场开始持续下跌、投资收益由正值变为负数的时候，他们心里的担心和害怕就会冒出来：天哪，会不会一直这么跌下去，把我的钱全部跌没了？

结果他们就会忘记之前给自己制订的种种计划，彻底被亏损吓破了胆子。

大多数半途而废的人，都是抱着长期的目标开始，因为短期的变化终止。

下跌一年听起来可怕，即便像小 A 那样投资了两年、下跌了一年，总投资额还没超过她一个月的薪水，目前的账面亏损也只有 10%。

试想一下，跟生活中常见的生病、突发事件等其他风险相比，这个幅度真的可怕吗？

答案二：思考一下自己有没有做错什么。

人一旦被情绪左右，就很容易忘记自己思考、寻找答案的能力，而这个答案是十多年前我自己初入投资理财市场时体会到的。

我大概是 2001 年前后误打误撞开始投资理财的，越是什么都不懂就越大胆，一开始就直接买股票，然后就被套，一套就是四年……前前后后投了大概十多万块钱，到后来只剩了七万，亏了一半多。

这个过程痛苦不堪。

那时候就一直在问自己：为什么会这样，究竟是哪里做错了？

为了寻找答案，那个阶段我专门去看了很多书，查了很多资料，花了很多时间才一点点意识到，原来自己以前什么都不懂，却又以为自己什么都懂；而用一知半解做行动的指引，这是当时自己最大的错误。

所以在后来很多年里，我选择了更适合自己的基金定投，而把更多的时间和精力放在了工作和自我提升当中去。没错，当基金在帮我赚钱的时候，我并不能自我停歇，相比变幻莫测的市场，自己能力的提升才是更有把握的事。

当我的注意力从市场转移到工作后，慢慢地，我发现之前的亏损不知道什么时候已经自己回来了，而且开始变成超过预期的收益。

再后来，我迎来了人生中第一个牛市——就这样，我完成了一个投资理财小白的必修课：经历一次完整的牛熊交替。

这个过程中，我并没有盲目进行操作，只是选择了更适合我的理财目标（放弃股票选择基金），采用了更科学的投资方式（保持定投），最终等来了市场的彻底反转。

从那时候到现在十几年过去了，中国投资市场至少又经历了三次牛熊交替。我也一直身处其中，经历过 2007 年从 6100 点下跌到 1600 点的惨烈，也经历过 2015 年从 5100 点跌到 2400 点的崩塌。即便如此，我在最高点买的基金由于长期不断定投摊薄成本，也早就已经回本并且盈利。

所以对于涨涨跌跌，我已经一点不在意了，因为我知道自己在做什么，以及这样做有没有错。

送给各位小白一句特别有用的话：

在市场上涨时，你做什么都是对的，无论买卖；而在市场下跌时，你做什么都是错的，同样无论买卖。

答案三：找到投资理财对你的真正意义。

投资理财对你的真正意义是什么？这又是一个特别有意思的问题。

可能绝大部分人都会下意识地说：当然是为了赚钱啊。要是你真是这么想的，那对不起，任何一件事都会有正反两面，正如你只想着赚钱，亏损常常会找上来。

所以不要指望着你总能抓住硬币上你想要的那一面。

在开始阶段，我也一度认为投资理财就是为了赚钱，然后我就被套了整整四年。当我一点点明白投资理财是怎么回事，并且在各种头破血流中杀出一条血路存活至今之后，我忽然明白过来：

投资理财这件事当然跟赚钱有关，但它更重要的一点是让你无比真实地面对自己性格上的弱点，有时甚至是人性上的弱点。

这些弱点包括胆怯、犹豫、懒惰、贪婪、激进……有时候这些弱点在日常生活中隐藏得无比妥当，可一旦面对金钱就会暴露得无处"藏身"。

这就是为什么一个投资小白一定要经历过一次完整的牛熊交替，才算接受了"成人礼"。

从 2001 年初入投资市场到现在的近 20 年中，我目睹了中国投资市场经历过的起起伏伏，每一次都有人掉队，每一次都有人崛起。对于像我这样一个不起眼的普通投资者来说，最大的变化是心理承受能力不断提升，随之而来的是无论生活把什么难题放在我面前，我都能冷静面对。

不是吗，老子连亏钱都不怕，还怕别的？

所以，投资理财对一个普通人最大的意义，不仅是保留了一份赚钱的希望，更重要的是它会逼着你不断进行自我审视，逼着你从幼稚到成熟、从单纯到淡定，完成自我成长。

这种成长远比普通的成长更能让你意识到自己的局限和不足。

当然你也许会不愿意，甚至选择告别这个折磨人的过程。可是这么做的人，当市场重新转暖、周围的气氛再度从寂静转为喧嚣的时候，多半会再一次被蛊惑起来，完全忘记自己曾经经历过相同的一幕幕。

而那些坚持下来的人，已经早早把你甩在了身后，就像当初我甩别人一样。

所以多给自己一点时间，因为对于小白的你来说，你现在的时间暂时还没有自己想的那么值钱。

同时定投七只基金，
是要召唤神龙吗

> "不把鸡蛋放在同一个篮子里。"这句话说的绝对不是你可以同时购买七只基金，而是说你在做投资决策的时候，可以选择股票、基金、保险、存款、理财产品、黄金、外币等完全不同形式的投资目标。

　　我并没有想到 2020 年刚开始就遇上了新冠肺炎疫情这样完全预料不到的突发状况，更没有想到即便如此，在刚刚过去一个多月的时间里，我就完成了年初制定的理财目标：

　　那天把这张图贴在微博上之后，立即有朋友问："为什么你可以

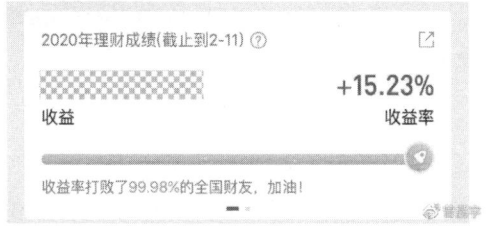

做到这一点？我买的也是基金，做的也是定投，投资时间也超过一年了，居然还是亏的……"

我很纳闷，2019 年这个上蹿下跳的猴市行情是最适合基金定投的，如果坚持超过一年，怎么还会亏？

再一问，答案出来了，人家说居然定投了七只基金。当时我正在喝水，看到这个数字，一口水差点忍不住喷出来。

问题是，做这样选择的人绝对不止他一个。我只能说，对所谓的聪明人来说，能打败他们的都不是外人，而是他们自己。

1

买基金有错吗？

当然没错，一直觉得对于绝大多数普通人来说，基金才是最适合年轻人的投资理财品种，股票真的不是。

基金定投有错吗？

当然更没有错，和一次性买入相比，基金定投相当于定期开闸蓄水，可以削峰填谷，平抑购买成本，是风险最小的投资理财方式。

那么按照这个逻辑，是不是定投的基金越多就意味着投资风险越小？真不一定。

我们经常听到一句话：不要把鸡蛋放在同一个篮子里。意思是指投资理财时不要仅限于一个品种，要做适度地分散，以减少风险。让人没想到的是，很多小伙伴就是因为这句话掉进沟里。

既然基金定投可以减少风险，那定投七只基金，风险应该只是一只的七分之一啊？

——数学能这么算吗？当然不能。

在定投这个篮子里，买七只基金，就叫"不把鸡蛋放在同一个篮子里"？

错，这只是把七个同样的鸡蛋放在一个篮子里。你说，是放两只的时候它们相互碰撞或者被打翻的可能性大，还是放7只的时候碰撞的可能性大？

"不把鸡蛋放在同一个篮子里。"这句话说的绝对不是你可以同时购买七只基金，而是说你在做投资决策的时候，可以选择股票、基金、保险、存款、理财产品、黄金、外币等完全不同形式的投资目标。

以上七种不同形式组成的投资组合，应对投资风险，风险才有可能降低为七分之一；可是拿同样形式的七个产品去齐头并进，风险非但不会降低，反而会变成原来的七倍！

更重要的是，在这种情况下，大多数人买的七只基金的风格和种类大概率相同，要么全是行业基金，要么全是指数基金，要么全是消费类基金。问他们是怎么选的，他们说是系统推荐的，或者是银行理财经理推荐的，然后稀里糊涂就买了，至于怎么不错、为什么不错，全都说不清楚。

原来人宁愿这么相信机器，或者这么相信一个把你作为营销目标的从业者，却根本不愿意自己去学习，难怪这个世界上最宝贵的是知识。

2

很多年以前，我刚开始尝试投资理财的时候，也一度对每个月应该定投多少只基金表示过疑惑，还把这个问题抛给了一个很有投资经验、眼光见解很独到的朋友，我问："是不是可以同时投五只基金？"

他很惊讶地问："你是钱很多，一个月能定投 10 万块？"

我羞答答地告诉他："麻烦再帮我去掉两个 0……"

他一下就笑了："那既然这样，定投那么多干嘛？闲的吧。绝大多数普通人定投基金，两只就差不多了，最多不超过三只。即便如此，定投的这两只基金最好类型也不要一样。"

按照他的建议，我做了以下选择——

从 2005 年开始，我定投的两只基金就没有变过：一只是指数基金，一只是混合 LOF 基金。这两只基金在市场上无论是波动还是风险都很大，仅次于股票，正因如此，它们非常适合年轻人定投。

为什么？

因为年轻人虽然收入有限，但是增长预期很大，基本不用担心未来你会没有钱买定投，每个月少浪费几百块，定投的钱就都出来了。

相比之下，那些风险没有那么大、波动也没有那么大、收益也同样不大的债券基金或货币基金都不适合定投，因为风险收益对等，风险不高，收益自然也不大。

之所以选择这两只基金，还有一个原因是它们的风格和种类并不相同。

那只中小盘指数基金直接挂钩目标指数，是一只被动盯紧指数的基金，只要目标指数下跌它就必然下跌，只要目标指数涨它就必然上涨。

而另一只则是一只主动投资型基金，它会由基金经理选择看好的股票进行买卖而获得超期收益。它不一定跟指数挂钩，所以你会发现有时候指数上涨了，基金多半会上涨，但有时指数下跌它未必下跌。

市场上可供选择的基金成千上万，从风格上说无非是主动和被动两种，一样选择一只就足以应对不同的市场风格，东方不亮西方亮。

从2005年之后，我就一直在定投这两只基金，到现在也一直坚持着，除了定投金额会随着收入的变化有所变化之外，从来没有过其他心思。尽管这么多年里遇到过很多次股灾，还有不止一次长达几年的熊市，但都没有动摇我的理财计划。

当然短时间内会有所亏损，但是坚持的时间只要稍微长一点，定投特有的削峰填谷、平抑风险的优点，以及基金本身的自我修正能力就会得到极为明显的体现，收益也会在不经意间转成正数。

3

再说回那些一次性选择七只同类基金定投的小伙伴，很多时候都是因为害怕风险，觉得投资越分散，越能最大限度地规避风险。

可做出这样决定的人，多半对于基金是不了解的，对于基金种类、风格以及投资规律也是不了解的，所以才会做出这样看似有道理、实则无稽之谈的决定。

正确答案是：

你无须选择很多基金，只要选择最适合定投、同时风格又不一样的两只基金定投即可，最多不要超过三只。因为绝大多数人每个月可供定投的闲钱都有上限，过于分散根本起不到投资理财的作用。

比如我们每个月计划定投的闲钱是 2000 元，定投两只，每只可以投 1000 元，这个资金数量比较合适，风险也不大，未来收益可观；一旦投入七只，每只平均还不到 300 元，未来收益也会很分散……

明明有修一道长城的实力，偏要垒七个土坡，何必呢？

另外，资金过于分散，也会直接影响未来收益。

以文章开头那个小伙伴为例，他选了七只基金定投，可只要其中一只表现不好，就会直接拖累整体收益；虽然只选两只基金也有可能犯错，但这个犯错的比例还是要比七只低多了。

更有趣的是，哪怕我直接告诉那些前来询问的小伙伴我买的是哪两只基金，他们还是会一次性选择多只基金定投。

问他们为什么，是因为对那些基金很有研究吗？很多人都说并不是，其实就是进到某个投资理财 App 里，看到系统推荐的基金，就觉得这个应该不错、那个也应该不错，然后就直接选了好多……

每次听到这样的答案我都笑而不语，已经习惯了。对我这样的一个大活人的推荐都能将信将疑，然后做了保守的选择，对于一个带有营销目的的系统推荐，却还那么深信不疑，这是为什么？

可能这就是人生吧。

4

定投七只基金，其实短时间内并不会觉得怎样，但是时间一长问题就会来了：

首先你会发现，这七只基金收益一定是不同的，有些表现会很好，可能投资三五个月就会有收益，有的表现却很差，投资了一两年还是负的。

这又是为什么？

因为不同的基金除了投资风格有所不同之外，基金的掌舵人（也就是基金经理）同样非常重要。像我推荐的那两只基金的基金经理变动并不频繁，他们甚至好几年不会变。这意味着基金的投资操作比较稳定，人员也比较稳定，对于基金的操作和掌控都比较成熟，时间一长，收益就会体现出来。

而很多基金经理经常发生岗位变化，特别是每一两年就换了基金经理的投资品种，坦白讲我会劝大家慎重。基金经理对于基金来说，就相当于一个公司的掌舵人，掌舵人的频繁变化对这个公司的发展一定会有负面影响，基金也是一样。

另外，基金是基金经理来进行投资操作的，只要是人就有可能犯错误，基金经理也是这样，也有可能会踩雷，比如如果某只基金买了 A 股爆雷的很多股票（比如乐视网），那么基金的业绩必然会受影响。

从最简单的数学概率的角度上讲，七只基金的基金经理踩雷的概率会远远高于两只，因为人犯错误的范围会大得多。

5

那么，为什么有的小伙伴会觉得选择七只基金定投会更安全？因为不懂。为什么不懂？因为没有去学习，尤其是没有在投资的实际操作中同步学习。

还是文章开头那个小伙伴，定投七只基金长达一年多的情况，其实完全有足够的时间和理由判断哪只基金的表现不够好，哪只还不错，那个时候就应该毫不犹豫地进行优中选优，淘汰掉表现不好的投资品种。

可以这么说，如果新手实在没把握，非要想定投七只基金，那也没问题，权当它们是一个"基金备选池"。那么定投一段时间之后，我们会发现其中哪些基金表现得更好，那就选择表现最好的两三只予以保留，然后把所有定投的钱集中到这两三只基金上慢慢等其不断壮大，就像王者荣耀中常见的那句台词："猥琐发育，别浪。"

实际上，很多小伙伴常常会犯让人啼笑皆非的错误，比如他们在选择基金的时候会特别盲目，只是因为看到系统上推荐，各方面感觉还不错，在对真实投资情况、过往业绩一无所知的情况下就下手买入；当真的看到对方表现不够理想、应该及早优胜劣汰的时候却又犹豫和担心，思前想后最终还是放弃，结果白白错过调整的好时机。

说来说去还是那句话，大多数陷入这类投资困局的小伙伴，对投资也好、基金也罢，了解都很少，在投资过程中只是单纯地想赚钱，对如何赚钱以及应该怎样赚钱都不甚了解，最后反而赚不到什么钱。

6

接下来就要说到在投资过程中同步学习的问题。

在很多年前我最开始投资理财时，周围的同行者绝对不止我一人，我们办公室就有三个小伙伴差不多同时开始了基金定投，可是十年后，最后能坚持下来的只有我一个。

为什么？

并不是说我一进来就赚了钱，我之前在文章中曾经讲过很多次，我一上来就亏了很多钱，但是这并没有让我害怕，相反，我会不断地琢磨为什么会亏，究竟是我做错了还是考虑得不周……最后发现还是我自己太不了解投资了。

然后我就找了很多书和资料来学习，一边学还一边拿到市场上验证，在这个过程中不断修正原来的看法。这种学习和了解的过程让我越发确认我当时选择的投资方式（股票投资）其实完全不适合我，我更应该专注于工作，而让专业人士帮我赚钱，所以我选择了基金。

选择基金之后的过程也并非一帆风顺，有一段时间亏得也挺多的。很多人在这个时候也会怀疑：我又选择错了吗？

而我在同样经过一番学习和了解之后，特别是在复盘了投资股票和投资基金对我个人的影响和变化之后，确定目前的亏损只是因为整个投资市场的信心没有完全恢复，而并不是我的选择（基金定投）是错的。

确认了这一点之后，尽管我那时已经面临了不小的亏损，但还是毫不犹豫地坚持下来，而那时候同期开始投资的朋友早早就退出了市场，并且扬言基金很不靠谱，再也不碰它。

随着时间的推移，当我后来遇到人生中第一个牛市，整个基金市场全部翻红并且盈利大幅增加的时候，我才真正意识到了定投的威力。

在后面的很多年我不再炒股，把所有的精力放在工作上，而固定拿出收入的一部分作为闲钱投资，保持基金定投，一直坚持到现在。

如果说之前的投资只是一种自发行为，那么之后的投资就是目标明确的学习了，这种主动的学习包括但不限于这只基金的投资风格、投资组合、投资比例、基金经理的投资喜好、操作时间节点以及信息披露公告。

这些东西放在以前我完全不感兴趣，但是当它们跟我的钱扯上关系后，我就爱上了它们——这个学习的过程让我积累了更多的经验和兴趣，我忽然发现这些信息好像并没有我想的那么枯燥……

所以，即便你现在真的选择了七只基金定投也并不可怕，可怕的是你不愿意去学习一些必要的基本知识，更可怕的是你不愿意通过学习明白该如何调整、如何选择。

在投资过程中的同步学习，真的是比投资本身更珍贵的事。

因为投资市场绝对不是一帆风顺的，我们每个人在菜鸟阶段都可能犯一些特别低级的错误。这些并不可怕，只要你保持积极主动的学习热情，并且在这个学习过程中不断加以应用，你就会修正之前的问题，保持前进。

就像那个小伙伴，在我给了他建议之后，他说他会调整为只定投两三只基金。如果他真的这么做了，那么现在他应该已经有所收获了。

即便是定投，
也有不同的买法

> 定投金额或者比例因人而异，对绝大多数普通人
> 来说，每月投入的费用通常不要超过月可支配收
> 入的 25%。

对于很多新人来讲，投资理财常常是懵懵懂懂中开始，莫名其妙地结束。说懵懂，是因为很多新人初入投资市场的时候都不太懂，总是容易受到别人的影响，比如听了银行理财经理或者身边某个过来人的建议，然后就做了决定。

说莫名其妙，是因为大部分新手在投资理财的道路上很容易受到情绪的影响，比如一阵大跌马上自乱方寸，或者短期收益不尽如人意就立即想逃离……不管是哪种反应，其实都是情绪化投资的表现。

对于新人来讲，情绪化投资绝对是理财最忌讳的，对卖出是如此，对买入更是如此。

1

在这方面我有数不清的惨痛经历。刚开始投资的时候我才20多岁，刚刚工作，什么都不太懂，当时只是觉得如果仅仅靠工资收入，在北京过不上自己想要的生活，所以开始尝试投资理财。

最开始也挺逗的，我去向一个前辈咨询。前辈问："你的投资需求是什么？"我当时根本就不理解什么叫投资需求，想当然地跟他说："我希望不赔钱。"

他说那赚呢？我说只要不赔钱，赚多赚少都行。

本来我以为这是一个非常漂亮的回答，这位前辈有很多年的投资经验，听了我的回答后就给我推荐了一个产品，我毫不犹豫地买了。

买了之后我每天都看，却发现这家伙基本没什么动静，其他的涨得很好，它没什么动静，人家大跌，它也没什么动静。

于是我很纳闷地跑去问前辈："为什么它没什么反应？"

前辈也很纳闷地看着我说："这不是你要求的吗？"我一头雾水地问："我要求的什么？"

他说："你要求的没有风险、赚多赚少无所谓，所以我就给你推荐了一个没有风险的产品。"

后来我才知道，他老人家给我推荐的是货币基金，也就是定期存款的替代品。

定期存款的替代品……妈耶，我是已经七老八十准备退休跳广场舞了吗？

这时候我才意识到，投资理财光听别人的是不行的，心里一定要有

数，要去学习，要了解自己的情况，要找到梦想和实现梦想之间的路径，这样才能做好。

即便如此，我在买入这条路上依然走了很多弯路。

那时候年轻，想到什么马上就干，一旦下定决心开始理财之后就会不管不顾，先冲进去再说，结果经常碰上市场表现不好、买入后大盘直接掉头向下的情况。

那时候也没什么耐心，看到每天收益都是绿的，心里又难受又着急，进而怀疑自己的决定是否是错的。

相信很多小伙伴在开始理财之初都有和我一样的经历，那么究竟应该如何做才是最恰当的买入方式？

2

跟卖出时一样，当我们决定买入之前，有很多工作都需要做在前面。

首先就是对自我情况的分析和了解。

如果不做这一步那多半会出问题，就像我前面讲的自己的那个例子——我兴冲冲地去问前辈应该买什么，可是那时候我对自己了解不足，所以回答他的问题其实是错误的。我当时那么年轻，不应该过于求稳，而应该追求更好的增长空间。

听了我的回答后，他给我推荐了一个并不适合我的投资理财产品，结果既没赚到钱，又耽误了时间，并不合适。

现在很多新手朋友也是这样，在最开始时直接就问我应该买什么或者应该投什么。通常我都会多问几句：

你每月（年）的收入情况是怎么样的？

你大概能接受多大的亏损？

你大概预期有多大的收益？

你能持续投资理财多久？

在未来3~5年中，你这笔钱有没有要用的可能？

……

这些其实就是一个非常简单的情况摸底，我发现，越是新手对这些事情越不愿意多想，一旦决定要投资理财了，就恨不得马上把钱掏出来扔到市场里面去，这当然是不行的。

了解这种基本情况之后才能得出一些结论，比如你每个月可以拿出大概多少比例的投入，如果未来三年之内有可能用得上，那么你就不太适合投到时间比较长才有可能获利的项目当中，等等。

3

其次，就算你已经决定了要用定投的形式投资股票或者指数基金，也有很多种购买方法。

我们在小学时都学过一道数学题：

如果有一个蓄水池，里面有一些水，有一个水龙头在往里定期注水，

问多久可以把池子蓄满？

这个问题其实特别像我们投资理财的过程。

蓄水池里原来的水就相当于我们的一次性投入，水龙头定期注入的水则相当于我们每个月可以定期定额投入的钱，而整个水池的容积则是我们对投资理财的总目标。

当然蓄满整个水池的速度并不完全取决于此，除了前面三个因素之外，还有整体蒸发量（亏损）和整体降雨量（盈利）。

如果注水加上降雨量低于蒸发量，那么我们这个月显然就是入不敷出，整体收益也是下降的；如果注水加上降雨量高于蒸发量，那么我们就是有所盈余的。

了解了这一点之后，投资新手就应该时刻有这样的意识：

要尽量保证"注水＋降雨量"高于"蒸发量"，这样才能保证蓄水池里的水在不断增加，我们的实际资产也在不断积少成多、集腋成裘，使投资理财的收益越来越高。

基于这一思路，我们就可以明确：首先要构建一个蓄水池，同时储备一部分水，刚开始启用这个蓄水池时根据每个人的财力情况，可以是5000元，也可以是1万、5万元。

这种一次性投入的钱就相当于蓄水池中的水，可以起到初期积累的作用。

有了蓄水池，我们第二步就是要构建注水管，也就是每个月定期定额的那笔投入。

定投金额或者比例因人而异，对绝大多数普通人来说，每月投入的费用通常不要超过月可支配收入的 25%。

但是也不能太低，比如有些朋友每个月就拿 3% ~ 5% 的月可支配收入去定投。坦白地讲这投入的力度太少，相对于他的整体财务状况来说，起不到可能的收益累加和平衡风险的作用。

从我这些年的实践看，比较合适且安全的比例应该是拿出每个月可支配收入的 25% 作为定期投入。

也就是说，假如你每月可支配收入是 1 万元，那可以拿出 2500 元作为定投投入。

4

我刚开始投资的时候经验欠缺，所以直接选用了每个月定投的方式，并没有构建"基金投资蓄水池"的概念，结果没多久就遇上上涨，这时候因为没有蓄水池，所以无法获得更高的收益。

这种情况下，我选择匆忙加仓，结果刚加完仓市场又开始下跌，刚刚投入的钱被套在了里面；我一慌，又赶紧把加的退出，结果一来一去，不仅一分钱没赚不说，而且连带手续费一共亏了 5%！

这次经历让我明白：即便你懂得了相关原则和逻辑，如果没有采取最稳妥和科学的方式，也很容易被市场和情绪所诱导，导致做出不理性的投资行为。

所以后来我会建议新手们选择"蓄水池（一次性投入）+ 定投"的方

式开始他们的投资理财尝试。

可能也会有人疑惑，万一一次性投入之后买到了高点，那怎么办？当然就可以靠每个月定期投入的这笔钱来不断平抑成本。

我们的注水管实际上就起到不断削峰填谷的作用，只要你坚持下去，蓄水池里的成本会逐渐降低，最终达到一个合理的平均值。

从这个角度说，在投资之初先拿一部分钱构建蓄水池，再用定投构建定期注水管，是理财新手最为稳妥和周到的买入方式。

千万不要过于担心一次性构建蓄水池的资金安全，因为我们还有定期注水的那部分资金，进可攻退可守。

而我最开始就因为没想明白这个道理，吃了不小的亏。

那蓄水池里的"一次性投入"可不可以有什么变化？当然可以。

正常工作的人，到了年底手里通常都会有一笔剩余资金，比如年终奖或者收入结余，如果没有其他急用，这笔钱可以作为新的一次性投入，成为我们蓄水池的新增部分。

这样定投和一次性蓄水两条路一起走，无论是蓄水还是定期投入，都会不断地同步增加，从而加大资金自我防范力度，达到在获利的同时增强风险防范能力的目的。

所以你看，和卖出一样，买入依然是一个数学问题。

投资理财从某种角度上来说就是一个数学问题的衍生，只是很多人到了这个时候已经把小学数学题全部还给了老师。

5

说完蓄水池和注水管的作用，再来分析一下资金比例的问题。

刚才说到我建议正常的定投比例应该是在月可支配收入的 25% 左右。这个比例不太高，不会影响人的生活，但也不会太低，不至于投下去连水花都看不见。

有些朋友因为害怕风险或者不太了解，把定投比例定得过低，比如只投 5%，这样手头倒是能留下大部分现金，可是因为比例过低，所以在投资市场里其实对财富增值的意义并没有那么大。

特别是考虑到大家多是年轻人，未来收入增长的空间可观，面临的风险也可控，在这种情况下太过保守并不合适。

因为有些风险年轻时承受，远好过中年时去面对。

除了合适的比例之外，不随便中断定投也非常重要。读者群里经常有小伙伴说：

"咦，咱们差不多同时期开始定投同一只基金，你的收益为什么能够到 30%，我的收益却只有 10%，为什么差这么多？"

每当听到这种情况，我都会下意识地问："你的定投有没有中断过？"

他经常就会说因为某种原因，定投的确中断了一段时间，有趣的是，他们选择中断定投的时间通常都是市场下跌的时候。其实这就是问题关键，定投很重要的原则就是不能中断，尤其是下跌的这个过程中更是千万要克服恐惧，坚持定投。

因为下跌时，你会用越来越便宜的价格买到更多的筹码，而很多小伙伴很害怕下跌，宁可在上涨的时候拿越来越贵的价格买越来越少的筹码，这显然是有问题的。

"买涨不买跌"是绝大多数市场消费者的常见心态，但在投资理财上明显有问题。

很多人在下跌时中断定投，持续注水的过程就被打断，蓄水池水没有变，但是注水却停了，那么它就成了一潭死水。虽然不会下跌，但是水是要蒸发的呀，就像我们的钱会随着 CPI 的上涨或者通货膨胀的加剧而贬值是一个道理！

6

把买入行为掰开揉碎了讲，还是希望大家在投资理财的过程中，对自己的投资思路一定要清晰。

首先是投资理财的目的要坚定。

举个很简单的例子，如果你们是想为未来养老或者家庭财务增长进行远期规划，那么就一定要做一个长期且不会轻易中断的计划。这是指你不会中途因为一些有可能出现的事情把定投停掉，或者因为一些不重要的原因把它卖掉，过一段再买回来。

新手这么做，理财节奏就会被打乱。不管未来的趋势是上涨还是下跌，你都有可能犹豫，下跌你会不敢买，而上涨你会觉得自己卖错了。

所以最好的方式是一旦制订了计划就不要轻易去改变它。

此外，就是我们的心态要坚定。

为什么定投比例不要超过月可支配收入的 25%，那是因为这个比例是一个相对安全的比例，既不会伤害到你的生活，也不会对你未来财富的增值有所影响。

很多人投资时情绪化严重，一旦市场下跌就觉得天要塌下来了，一旦市场上涨就觉得未来江山都掌握在自己手中，哪儿那么简单！

心态这件事情对新人来说至关重要，而避免情绪化投资则是确保在投资过程中不犯致命错误甚至吃大亏的最好办法。

随着时间的推移，新手是会成长的。你会越来越了解，投资理财这件事情并没有那么玄虚；随着越来越了解，再遇上涨跌你就不会那么慌了。

在卖的时候要周密判断，在买的时候更要知己知彼，这样才能为我们带来更大的收益。

赚了钱的基金
应不应该卖、应该怎样卖

在牛市的时候，你做什么都是对的，无论买卖；
在熊市的时候，你做什么都是错的，也无论买卖。

有一天接到一个提问，一个读者看了我的文章后，从 2016 年 11 月开始定投，坚持了三年多，基金总收益已经达到 67%，她想问现在适不适合卖？

基金定投三年多有这样的收益，说实话已经是非常好的成绩，很多人反而会在这个时候产生困惑：该不该卖？卖了之后会不会继续上涨？不卖的话什么时候才能有所收益？以及卖了之后要不要继续买？

都说投资市场里"会买的是徒弟，会卖的是师傅"，前面说了"怎么买"，今天就来探讨一下 "怎么卖" 这件事。

1

对于绝大多数理财新手来讲，买只是一个起点，有所收益或者说得再直白一点，"赚钱"才是最终目的——如果没有这样的一个终点存在，之前所有的隐忍坚持好像都没有什么意义。

不管你通过什么形式理财，基金、定投、股票或者其他，在经过一段时间获得一部分收益后，其实都会面临如下问题：该不该卖？什么时候卖？以及怎样卖？

我一直建议读者，尤其是年轻的读者在努力工作的同时，借助基金定投这样简单安全的方式，帮助自己实现长期的财富增值。事实上的确有很多读者是这么做的，就像文章刚开始提出这个问题的小伙伴。

2016 年 11 月，我开始在微博以专栏的形式，建议年轻读者以基金定投作为长期的理财方式，那时候她就开始了尝试。

当然我并不能预知未来，所以从来也不会跟大家拍胸脯保证一定会怎样，我只是凭借过去的经验说：

如果基金定投坚持超过三年，大概率不会亏损。

时间一晃过了三年半，这个小目标真的达到了，然后问题就来了，要不要现在获利了结？

无论买还是卖其实都是一个数学问题，在生活中找到这个问题的最优解才是上策。

"什么时候获利了结"的确是困扰很多新人的问题，对于新手来说，通常有三大原则可以帮助你做出这个决定。

第一是时间原则。

大多数人在投资之初都会给自己计划一个时间，那么只要我们投资的时间达到这个计划就可以卖。比如，如果我们计划投资三年，那满了三年，不管亏赚随时都可以卖。

第二是比例目标。

所谓比例目标，就是在理财之初给自己设定的一个盈利目标，一旦达到这个目标，就意味着我们可以随时准备出手。

假如我们计划每一年理财的平均收益目标是 10%，那么三年后只要年平均收益率达到这个目标就可以卖。显然，67% 的收益率已经远远超过了这个目标。

第三则是数字目标。

这个就更好理解了，不管我们投了多少钱，只要最后收益达到预期数字就可以选择卖出。

比如，我们在理财之初预期赚到 6000 元就可以，不管我们投了 3 万元还是 1 万元，只要我们的盈利数字达到 6000 元，那么就可以抛掉。

2

时间、比例以及数字三大卖出原则是绝大多数理财新人用以判断是否可以获利了结落袋为安的最简单方法。但是放在具体的操作过程当中，可不可以卖和怎样卖依然是两个问题。

赚了钱应该怎样卖？

这个问题很多新手听了都会觉得有点蒙：把它直接一挂单卖了不就完了？

你就不怕你卖了之后大涨？实际上，不管是基金、股票还是其他理财产品，绝大部分投资产品都会存在一个科学的获利了结方式的问题。

有一句话叫买涨不买跌，这是市场里一个普遍的消费心理：

绝大部分人在决定购买一样东西的时候，常常看中它未来良好的增值前景，比如房产或黄金等高价值的物品，上涨时的行情远比下跌时候火爆得多。

这种消费心理其实在获利了结的时候同样适用，那就是"卖涨不卖跌"。

所谓卖涨不卖跌，就是选择在市场大方向上处于上涨趋势中的某个卖点进行卖出，成功率要远远高于市场在下降通道中时进行卖出。

这是因为一旦市场进入下降通道，常常会跌得非常快、非常狠，有些时候甚至让你来不及反应。

另外，通常新手在面临下跌过程时又不会那么果断，甚至产生浓厚的惜售心理，经常下意识把下降的价格和以前的高点价格进行对比，从而延误卖出时机。一旦继续下跌，还会造成一些心理恐慌，从而影响精准判断。

所以对绝大多数普通投资者来说，应尽量选择在上升通道卖出。因为这个时候人的心态更为稳定和平顺，投资产品常常会连创新高，在这个过程中卖出其实是很少犯错误的。

别忘了那句话：

在牛市的时候，你做什么都是对的，无论买卖；在熊市的时候，你做什么都是错的，也无论买卖。

3

有些人就会想：如果我卖了它又继续上涨怎么办？好不容易拿了那么久，却没能享受利益最大化，怎么想都会让人觉得有点可惜。

其实这也是一个特别常见的问题，但我想说的是：

一、永远不要奢求自己在最高点卖出。

就像你绝对不能要求自己在最低点精准买入是一样的，对于一个普通的投资者来讲，我们要做的其实就是在相对低点买入，在相对高点抛出即可。

二、我们的确可能无法收益最大化，同样我们也尽量不要让自己犯错。

因为投资从来就不是比谁活得好，而是比谁活得长。在无法实现收益最大化和犯错之间，我永远会选择前者。

除此之外，我们还可以用不同的卖出方法去规避这个担忧。没错，不同的卖出方法也可以保证我们进退有据。

方法一：完全清仓法。

完全清仓法是最简单粗暴的获利了结方式。当我们持有到一定时候，满足了自己提前设定的清仓条件，比如上面那三个必要大原则中的任意一个（持有达到目标年限、获利达到目标比例、盈利达到目标数字），就可以把它全部清仓。

完全清仓的好处显而易见，一方面是直接锁定了本金的安全，另一方面是获得了全部收益的落袋为安。

但是完全清仓法也有一定的隐忧，那就是如果市场处在不断向上的上涨通道，要在上涨通道中全部减仓其实也挺考验人的判断的。

举个例子，当你的基金从 1 元涨到了 1.5 元，并且有可能后市还会上涨时，你会卖吗？也许绝大多数人都不会卖，因为总会觉得能长得更高，如果那样就很可惜。

万一下跌了呢？在这种情况下，就可以用后面两种方法来进行卖出。

方法二：三三减仓法。

所谓三三减仓法，顾名思义就是把你的投资款连本带利算成一个整体，当我们无法确知后市是否还会继续上涨，又不愿意因为过早全额抛出有可能损失后面的获利机会时，那么就先减仓三分之一。

剩下的三分之二保持观望，如果继续上涨到了一定位置，我们可以继续减仓三分之一，进一步保持观望；如果再继续上涨，涨到我们觉得它有可能下跌的位置就全额抛出。

"三三减仓法"不仅可以保证不错过可能的更大收益，同样也能够避免更大的亏损甚至摊薄成本：

如果我们卖掉第一个1/3后，它下跌了，那么跌到一定的位置，我们可以把之前卖出的1/3再买回来，这样就实现了一次高抛低吸。

当然考虑到手续费以及投资者经验和心态方面的因素，并不建议新人或者小白贸然采用。

如果卖掉1/3后，大盘继续下跌，甚至到了我们认为危险的节点，那我们也可以选择全部抛售或者抛售绝大部分，留下来的小部分就可以用来当"哨兵"，继续留在市场内观望，等待新的投资机会。

方法三：盈利变现法。

所谓"盈利变现法"就是当我们的盈利达到既定目标后，可以直接把盈利部分卖出，从而实现落袋为安，而本金部分则留在市场里继续等待机会。

假如我们投入本金是3万元，最终实现了50%的收益，也就是15000元，连本带利45000元。当我们想变现的时候，可以选择把所有的盈利变现，也就是说卖出15000元，剩下3万元继续用作本金滚动。

这样做的最大好处就是你可以实现落袋为安，把之前所实现的盈利全部放到兜里，一方面是锁定收益，另一方面也会给自己一个心理暗示，反正收益已经在荷包里了，那么留在市场里的那部分就可以继续博弈。

如果我们在锁定收益之后市场上涨，留在市场里面的那部分会继续帮我们赚钱；如果出现下跌也没关系，至少我们的收益已经在自己兜里了。

无论"三三减仓法"还是"盈利变现法"，和方法一之间最大的区别就是并不是完全退出市场，至少市场中的那部分还是有可能实现盈利的，当然也有可能亏损。

4

投资理财有一个非常简单的数学逻辑，那就是力争在低点买入、高点抛出。而加仓或者减仓，则是对这个逻辑进行验证的过程。如果你认为后市向好，那就加仓，反之则可以减仓。

不管你用了哪种方式，只要减仓，我都会建议耐心等待一段时间后再做下一步决定，不要急着再次进入。

特别是一旦"完全清仓"之后，一定要记住一个原则：

在短时期内市场的涨跌都与你无关，千万不能因为后面市场发生变化，在短期内又冲进去，那样大概率会亏损。

换成更直接的一句话：既然选择了获利了结，那就要控制一下你奔放的小爪爪，按捺一下你骚动的心灵，别急着再冲进去。

别问我为什么给这样的建议，因为我过去也曾经因为没有控制住自己、没有按捺住骚动的心灵，结果有了很多不好意思说的惨痛教训。

等待的这段时间不仅是实现落袋为安，更是以旁观者的身份对自己过去一段时间的操作进行梳理和总结，同时还需要做另外一件事，那就是密切关注市场动向、环境变化以及政策变化。

身处其中和置身事外其实对投资者心态有很大的不同影响，对新手积累经验也是一个非常好的机会。所以在减仓之后，你需要注意三件事。

第一，既然已经减仓就不要急于再次冲入。

比如很多人好不容易做了减仓的决定，在减了 1/3 后没过两天又急忙买了回来，结果非但没有套现，反而损失了一笔手续费。这其实不叫减仓，叫瞎折腾。

通常如果我决定减仓，那一定是我判断上升趋势已经基本进入尾声，即将开始下跌趋势。如果我无法判断或者认为这只是一个上升趋势中的暂时回调，那么我不会贸然减仓。

只要减仓，我至少会放半年到一年甚至更长，直到整个大盘改变趋势再进入上升通道，并且要达到我认为合适的空间才会再次买入。这番等待虽然漫长，但对于普通的操作者来讲是磨炼心态、积累经验的最好时机。

第二，如果对后市判断不明，但又不愿意面临利润有可能变薄的风险，那么建议大家采用后两种方法减仓。

这样既可以把利润变现，又能在场内保持一定的筹码。当然这样做的风险也是有的，一旦市场进入下跌趋势，这些筹码也可能因此被套住。

第三，当你做了决定之后，就一定不要患得患失。

很多人做决定的过程很纠结，一会儿想减一会儿不想减，减了之后想买进，买了之后又想卖出。这样一是影响自己的心态，二是有可能造成意想不到的损失。

有些人会觉得，万一要是减仓的判断错了呢？其实判断错了也没有什么，在投资市场上一次判断错了并不能说明什么，再说投资机会经常会出现，不要总觉得人生只有一次致富的机会，错过这次就没有下次了。

实际上，我也做过不少错误的决定，也吃过很多亏，不过当心态变好之后，很多问题便不再成为问题。

如果你拿不准，可以先不要贸然减仓。如果你一旦决定减仓，那么至少在市场再次走好之前不要急着冲进去，否则很容易犯错误。

在等待的过程中，你可以做的事除了等待之外，还可以买入没什么风险的理财产品如债券基金，等待下一次机会的到来，这样一张一弛才不会时刻都紧绷着神经。

如果你实在觉得市场趋势不好或者有可能彻底变坏，也可以减仓90%，手里留个10%。之所以要留10%，是因为它可以帮助你在减仓阶段不断观察市场的变化，把握下一次投资机会。

千万不要认为全部清仓之后你还会关心市场，彻底离开之后人的嗅觉或感知都会钝化。如果你希望自己长时间保持敏感，记住我的话，最多减仓90%。

这就是关于"卖出"的一些经验，希望对大家有所帮助。

年底把赚钱的基金赎回
犒赏自己有没有问题

问题并不在于忙碌了一年，也不在于犒赏自己，
而在于你的决定都来自"投资有所收益"这一点上，
在于你犒赏自己的钱出自哪里。

前几天读者群里一个小伙伴问我："刀哥，马上就要过年了，今年是我开始理财的第一年，没想到收益还不错，我想犒赏一下自己，你觉得可不可以？"

开始我还没太在意，觉得这不过是人之常情，顺口问了一句："那你准备怎么个犒赏法啊？"

没想到他说："我想把这笔钱拿出来，带着全家来一次国外游。"

我非常不解，想了想，问了一个问题："如果今年的行情不好，投资理财收益是负数，那你会另外拿出一笔钱来填补这个亏空吗？"

他一愣："应该不会。"

既然如此，在投资刚刚开始不到一年、略有盈利的时候就琢磨着摘

果子，是不是太早了一点？

1

收成好的年景，到了逢年过节的时候犒劳一下自己很正常，但那更多发生在我们一直深耕积累的行业或者实体经济领域，而对一个刚刚开始在投资理财的道路上摸索和尝试的新手来说，答案往往正好相反。

还是那句话：控制一下你奔放的小爪爪，按捺一下你骚动的小心灵。

这个读者刚开始基金定投投资不到一年，总金额也不高，最开始一次性买入的本金和后来的定投总数加起来还不到3万块，2019年整体行情不错，他的整体收益接近20%。

我记得大半年前，他刚开始基金投资时给自己定下的目标是：

1. 坚持基金定投至少三年；

2. 用自己的闲钱来投资；

3. 不轻易改变这个计划。

这也是我在群里给绝大多数小伙伴提的建议，因为我自己也是从完全不懂的小白状态一步步走到今天的。我太知道作为一个普通人在最开始理财的阶段会面对什么，比如在上涨的时候会担心什么，在下降的时候又会后悔什么。

在过去20年中，这个循环往复的过程我经历过很多次，现在早已经很淡定了。

而绝大多数刚刚开始投资理财尝试的小伙伴，大多都很年轻，在成年人的道路上刚启航没太久，无论是工作、学习和生活都面临很多挑战，想尝试的东西太多，没头绪的地方也太多。也正因为如此，投资理财对他们来说就像是一扇以前从来也没有打开的大门，只是现在刚刚推开了一条门缝，看到了一个完全不一样的世界而已。

可就是这个刚刚接触到的世界非常光鲜亮丽，可以让你目眩神迷，同样也可以让你沉陷其中。

而任何一个让你沉陷的东西，都有可能是陷阱，让你暴露出自己人性上的弱点。

2

一定有人会觉得奇怪，忙碌了一年又有所收益，犒赏一下自己，难道都成问题了吗？

还是换个角度问：

如果这一年行情不好，投资理财有所亏损，那你还会取出这笔钱来犒赏一下自己吗？或者愿意补偿一笔钱填补亏损吗？

绝大多数小伙伴的答案应该是否定的。

为什么？

问题并不在于忙碌了一年，也不在于犒赏自己，而在于你的决定都来自"投资有所收益"这一点上，在于你犒赏自己的钱出自哪里。

用短期投资收益犒赏自己和用工资收入犒赏自己，同样一件事情，其实中间的逻辑并不相同：

短期投资收益是带有强烈偶然性，并且可能不会长时间持续，你如果用工资犒赏自己就会心安理得，因为工资的未来收益是持续必然的。

这是两者间最本质的区别。

我的读者大多年轻，就像我最开始刚刚尝试投资理财时一样，完成学业、工作稳定、收入略有盈余，但又不足以应对生活的所有开销和未知风险，他们的理财是在这样的情况下展开的。

这其实是介于青年和中年时期之间的特殊阶段——脱离了相信人定胜天、做什么事都兴致勃勃、一往无前的年轻时代，但也远远没有到老谋深算、未雨绸缪、一切尽在掌握的中年时期。

这个阶段需要做很多的铺垫和准备，而物质财富的积淀绝对是非常重要的一环，因为稍微有些生活经验的人都知道，未来我们需要面对的绝大多数生活问题的解决都要靠物质支持。如果你解决不了，很大程度上是因为你的物质积累还不够。

这个阶段也是开始投资理财最好的阶段，因为这时大家还年轻，父母身体健康，多数人还没有太重的家庭负担，经济上也会有所盈余，这个时候投资理财是一个很好的开始。一旦真的到了需要用钱的时候，投资收入就能作为有力的补充。

也有人会问：赚钱是为了什么？当然是为了更好地享受生活，既然这样，犒赏一下自己并没有问题，那你为什么还会不赞成？

原因不外乎以下两点。

3

一、打破了原有计划。

绝大多数小伙伴在刚开始投资理财的时候都做了计划，至少投资三年、用闲钱来投资、不轻易改变计划就来自于此。

但是"犒赏自己"这个决定打破了我们制订的这个计划：

首先投资时间并不满三年，另外也就是运气好，很多人才能在投资刚一年时就遇上 2019 年的"猴市"，基金定投的形式决定了它非常适合这种上蹿下跳的股市。尽管大盘这一年并没有太大变化，但我们依然赚了很多。

就因为如此，我们就早早地把它取出来享受吗？

换言之，如果是在 2018 年股市出现大幅度调整、基金亏损普遍达到 30% 左右的时候，你又该怎么办？显然应该是用现在积累的盈利去摊薄可能的亏损，这样才能一步步做大。

我之前说过，很多初级投资者最大的问题就是"轻而易举地制订计划，然后又轻而易举地打破自己的计划"，"犒赏自己"就是这样的例子。

二、混淆了资金来源。

刚才说过，对于投资理财的资金投入，有一个很重要的规则就是一定要用"闲钱"来投资。闲钱意味着你在未来的 3~5 年内都不需要用到这笔钱，而且更多的生活必备开销来自这笔闲钱之外的收入部分。

所以，年底犒赏自己的资金来源，根本就不应该打"投资理财资金"的主意。

明明有其他资金来源，那为什么还会动投资理财的心思？不过是因为看到赚了钱，觉得可以享受一下，从这一点上来讲，同样没有遵循自己事先制订的计划。

归根结底还是一句话，投资理财的市场上最可怕的，不是让人轻而易举地亏了一大笔钱，而是轻而易举地让人赚了一笔钱，因为这样可以让人失去对市场风险的敬畏，随心所欲地做自己想做的事。

就像这个小伙伴，自从基金赚了钱以后就完全忘了自己以前刚开始理财时的忐忑不安以及犹豫，全是如何把已经赚到的钱拿来享受的想法。当初他开始理财并不是为了简简单单地去做一次年底旅游，而是为了防范生活中可能出现的未知风险。

旅游是生活的一部分，但绝对不算未知的风险啊！

那算什么呢？充其量算是心血来潮。

4

普通人在投资理财的时候，一定要抵抗住这种心血来潮的诱惑。这种心血来潮想着很爽，但它是破坏原有规则和计划的动因，也是投资理财的大敌。

这就像很多年前身边不少人曾经跟我一样开始基金定投的尝试，他们中的很多人一开始也制订了很好的计划，但是短的几个月，长的一年多，就因为各种原因停止了，很少有像我这样一坚持就是十多年的人。

有时候我们也会就这个话题做一些交流，就像我在文章中跟大家交流过的一样，唯一的区别就是：

那时候的我，因为刚刚开始，经验不足，实力也不强，还看不到自己未来能处于怎样的位置，投资理财能够让我拥有怎样的收获，所以选择了坚持。很多人觉得：你都没做到，我怎么相信你？

快 20 年过去。事实已经告诉我，当时的想法是对的。

如果我自己没有做到，相信写出来的文章大家也不会认真去看。即便如此，我现在依然在坚持，绝不轻易打破自己制订的规则，因为我想看一下，到 60 岁的时候，我的财富边界能够延伸到哪一步。

如果不能遵循自己为投资理财制订的纪律和计划，我不可能走到今天，更不用说期盼 60 岁之后的人生了。

投资理财这件事，最重要的就是跟人性的弱点做斗争。人性的弱点包括但不限于虚荣、贪婪、胆怯、犹豫、随意，这些弱点只有用坚定的执行投资计划来克服。

5

对于年轻人来讲，很容易因为已经到手的微薄收益，忽略掉在未来等着你的巨大未知收益。

就像我曾经听过无数的人说过：普通人靠投资理财致富？你说的都是虚无缥缈的事！

作为一个普通人，我已经在近 20 年后把当时觉得虚无缥缈的事变成了事实，而说这些话的那些人早就看不见了，更不可能达到我现在的程度。

因为他们要么没开始，要么早早终止了自己的计划。

说实话，现在的小伙伴比我那时候幸运多了。不说别的，我刚开始投资理财真是吃了很多苦头，吃过很多亏，然后一点点摸索，想找一个能商量、给自己出点意见和建议的人都没有，因为绝大多数人都不太懂。

现在至少我还能够给大家一些建议，虽然这些建议未必是对的，但至少它不会让你犯太大的错。

之所以说投资理财会让人打开一扇新的大门，那是因为在这些年的经历中，我越来越深刻地体会到：

商业真是人类社会中最成熟也最高级的关系，它不仅包括财富的增长，也包括人心智的成长。

很多人虽然已经开始了投资理财，但是骨子里并不太相信这种方式真的能够致富，甚至真的能在未来解决自己金钱上的需求。这种不信任一方面来自金钱教育的缺失，另一方面也来自对未知生活的恐惧。

投资理财市场并不总是单边上涨，如果你遇上 2017 年或者 2019 年这两年，那么你大概率会赚钱；如果你遇上的是 2016 年或者 2018 年，那么你大概率会亏损。

对于大多数人来说，对亏损的恐惧要远远超过收获的喜悦，而周围无论是公开舆论市场还是私人渠道，对于亏损的传播力度也远远超过盈利。

如果你真的这么想，那就错了，因为大部分赚了的人是不会告诉你的，而亏的人喜欢分享出来让大家同情一下。

这种现实影响会给人关于"投资理财能不能致富"带来很大的不信任感，而这种不信任又会让很多人一旦有所收益之后就急着想退出，而不是谋求更远的发展，就像开头提到的那个小伙伴一样。

他明明制订了三年的投资理财计划，刚刚一年有所收益，就想着把所有钱拿出来去旅游，说白了还是从内心深处没有意识到理财这件事情真的能够在未来帮到他什么。

6

我当然不是反对大家过年的时候对自己好一点，但我更希望的是：

就像我们之前在做原始资金分配时一样，投资理财是一笔"闲钱"，而我们年底安慰自己也好、奖励自己也好，用的是其他资金结余，而不是这笔本来是为了钱生钱存在的"闲钱"。

我并不相信大部分人的可支配资金就只剩投资理财账户里的这些钱了，如果是这样，那就根本不会是"闲钱"，而是生活必需开销了。

还有，之前问到的那个问题，如果理财亏了你会补吗？绝大多数人都不会补，为什么？

前面已经说过了，买涨不买跌是投资理财时常见的一种心理现象，这就跟买房子一样：真正促使人踊跃下单的是房价迅速上涨的预期，而不是房价大幅下跌的预期；当房价下跌的时候，资金投入的量一定会减少，这就相当于在市场整体下行的年份投资理财的资金体量会变小是一样的。

只有那些在下跌阶段也敢坚持投入的人，才会获得更高的收益。

凡是在上涨年间就希望把所有的钱都取出来奖励自己的人，那么到了下跌的时候大概率也不会坚持投入。

那些坚持投入的是少数人，最后赚大钱的常常也是少数人，因为大多数人会败在自己人性的弱点上。

逢年过节了，对于一个新手来说，应该用余钱去奖励自己，而不要惦记着投资理财账户里的钱。要知道，我们的目标真的是在三年甚至更远以后，而不要在刚刚开始一年时就琢磨上了，再说了，几万块钱的15%又能有多少收益？

捡了芝麻丢了西瓜，是我们拿来嘲笑别人的话，但在生活中经常在自己身上上演。

不怕贼偷，就怕贼惦记，我们就是总惦记着自己那点投资款的"贼"。

暴跌时要不要跑？
想想最开始时你的承诺

> 投资市场里只有贸然退出的时候，账面亏损才会成为真实亏损；一旦你退出，手中就彻底没了筹码，遇上反弹就只能望洋兴叹。

2020 年春节长假，新冠疫情突如其来，手机微信就接连不断接到小伙伴的询问：疫情严重成这个样子对经济是否有影响？

我纳闷：这些小伙伴平常都对宏观形势不怎么看重，怎么突然会问这个问题？

他们马上着急地告诉我："你忘了，我可是听了你的建议买了基金的啊。"我顿时明白了。

我告诉他们，短期影响肯定是有的，但是长期影响未必。

他们听了，将信将疑。

1

事与愿违，2020 年春节长假之后的第一个交易日，因为新冠疫情的影响，中国 A 股应声大跌。

本来节前因为疫情防控的种种消息，股市大盘已经从 3000 多点跌到了 2900 多点。这一天更是"飞流直下三千尺"，直接跌了 8%，一下跌到了 2600 多点。

这一天基金的收益损失惨重，即便是按同比例计算，亏损至少也达到了 8%。

这一天惨烈的下跌，让人有那么一瞬间想起了 2015 年的股灾千股跌停时的惨烈场面。微信、微博上又开始不断有朋友发来信息问：

市场暴跌、千股跌停时，我是不是应该抛掉手里的基金？

面对这样的问题，我还是坚持自己的看法。暴跌时不应该轻率抛掉基金，也不应该退出市场，虽然疫情防控对经济有一定影响，但综合过去我国防疫的情况看，那种负面影响不是长期的。

可是这些话，很多人都不怎么听得进去，特别是那些最近这段时间才开始涉足投资理财、尝试基金定投的朋友，他们已经被指数一天几百点的下跌吓坏了。

对他们来说，这就是真金白银的损失。无论怎么做心理建设、周围的人（比如我）如何劝说，都缓解不了他们心头的那份恐慌。

还有些朋友，尽管嘴上说"好，我一定坚持"，暗地里还是抵不过恐惧的威慑，悄悄地选择把基金抛售，在那一天选择了把所有基金清空。

他们的解释听上去貌似也有些道理：

今天跌成这样，明天、后天肯定还会下跌，那我不如今天卖了，等到更低的时候再给买回来。

事实上，市场根本不会给你第二次机会。

节后第二个交易日，大盘就开始应声反弹；

第三天继续反弹；

第四天同样大幅反弹……

就这样，之前暴跌的大盘一直从最低点的 2600 多点反弹到了节前的 2900 多点，暴跌那一天抛售基金的小伙伴短期内很难再有平价进入的机会。

而那些在节后第一个工作日大幅损失的基金，已经在后面的反弹中迅速地挽回了失地，不仅如此，还再攀新高。

以我一直定投的基金之一为例，大跌那一天净值从 2.05 元直接打到了 1.89 元，几天反弹后的净值已经回到了 2.22 元……

这时候，那些在大跌时选择退出的人才后悔不已。重新看市场的走势，他们悲惨地发现，自己恰恰选择了在最低点的时候卖出。

投资理财从来就是这样，顺风顺水的时候看不出什么，只有到风云突变的极端状况，你才会明白自己是否有足够的知识储备和性格定力去做好投资理财这件事。

2

暴跌的时候，很多人其实是被瞬间滑落的亏损数字吓着了，但有句话大家一定要记住：

投资市场里只有贸然退出的时候，账面亏损才会成为真实亏损；一旦你退出，手中就彻底没了筹码，遇上反弹就只能望洋兴叹。

在实际操作中，很多人把账面浮动亏损当成了真实亏损，从而影响了心态和决策。

暴跌的那天，我一点也不慌张，因为在过去将近 20 年的投资理财生涯中，这已经不是我第一次遇上这样的极端情况了：

2007 年的半夜鸡叫，2009 年的重回千点，还有 2015 年的疯狂杀跌……

经历的次数多了，你就会知道暴跌其实并不太可怕，因为上述所说的每一次暴跌，后来收益都再创新高。相比之下绵绵阴跌才更可怕，因为那伤害对普通投资者来说是温水煮青蛙，你不知道怎么就掉进了亏损的深渊，中间连一点反抗的余地都没有。

后面连续几天的走势证明了我的判断是正确的，一天暴跌之后几个交易日的反弹，之前的损失就全部挽回，而且还多了 10%。

这几天里我做了什么吗？我什么也没有做，甚至连大盘都没有看，账面上却真的多出来 10%。这 10%，是过去经验给我的奖励。

3

再说到那个关键问题，为什么我觉得疫情对于中国的整体经济形势并不构成决定性的影响。

第一，像这样的突发疫情实际上是一种突发情况。

在投资市场通常叫作"黑天鹅"事件（指没有征兆、完全无法预料的突发状况），它与经济的基本面无关，它的出现也不是任何一条经济运行规则产生作用的结果。

它有可能会给国民经济带来一定影响，但并不会左右中国经济发展的整个大局。

第二，中国人已经不是第一次经历这种场面。

很多人担心疫情发展对整个实体经济的影响，进而影响每个人的真实收入。这一点特别能够理解，就像当时街面上看不到人，超市里也很少有人逗留，餐馆全部关门，电影院全部关门，连健身房都关了。这种规模的防疫形势能对经济没有影响吗？

不要忘了，至少中国人并不是第一次经历类似的事情：

2003 年"非典"的时候同样如此，那时候包括北京在内的全国大中城市所有非必要娱乐活动基本都按下了暂停键，人尽量不外出，整个城市包括体育馆、电影院等一切非生活必需的场所全部关停，直到疫情彻底结束。

2003 年和 2020 年，中国的经济体量、人员流动规模已经完全不可同日而语，今年的影响和损失要大过 2003 年，同样，中国经济的韧性、强度和抗击打能力也相应有了大幅度提高。

另外，从"非典"的例子就可以看出，像这样的疫情对于经济的短时影响是有的，一旦恢复正常，重新获得动力的经济也会非常强劲，甚至会出现较大规模反弹。

而投资理财，从来就不能仅仅考虑时点，而要考虑趋势。

第三，疫情总是要结束的。

像新冠肺炎这种呼吸道传染疾病，只要及时切断传播途径，疫情就能够得到控制。就像"非典"在秋冬天的时候一度肆虐全球，随着防控措施的升级，疫情迅速被防控住。

除此之外，疫苗的研发、人们的重视以及强大的社会动员能力，也能够帮助疫情防控在国内取得良好效果。

4

除了上面这些原因之外，还有非常重要的一点，即便经济在短时间内会受到一定程度的影响，也不要忘了国家有关部门对宏观经济的调控作用：冷的时候加把柴，热的时候降点温，以保持经济的整体向好。

即便受疫情影响，经济形势有可能下滑，有关部门大概率会出台一些经济刺激政策，就像金融危机时期的美国、日本一样。

就像 2008 年全球金融风暴后，中国出台了 4 万亿经济刺激计划，对当时整体经济形势的把握还是非常有前瞻性的。

上面这些其实是非常宏观层面的观察，我只是觉得，相对于一时涨跌来说，把握住这样的大方向更为重要。

因为不管从哪个方面看，中国依然是世界上发展最快的经济体之一，这个态势目前并没有显著变化，所以个人完全不用那么担心。

从目前呈现的状况看，在经历了几个月的疫情防控和短暂的社会生活停摆之后，随着了解的不断加深和疫情措施的逐步显现，生产生活开始逐渐恢复到往日的状况。人们的生活会恢复平静，经济发展也会重新走上正轨。

5

有人说：你说的这些东西都太大了，对于普通投资者来说，我只关心如何能不让投资亏损。

这又回到那三个重要问题了：

1. 我们是为了什么投资理财？
2. 我们在投资理财之初做了哪些承诺？
3. 我们进行投资理财真正的作用是什么？

这三个问题之所以重要，是因为它们决定了我们适不适合做投资，以及投资能不能给我们带来真正想要的东西。

第一，我们为了什么投资？

很多人在投资理财之初都是说为了长期的收益，为了给生活和未来增添一道风险防火墙。这个想法当然是对的，但实际操作过程中，你就会看到很多人开始的时候想的是长期收益，一旦碰上一点风吹草动就会早早地偃旗息鼓，担心收益变成亏损。

世界上任何事情都是相对的，有收益就一定会有亏损，有收获就一定会有风险。如果你想获得完全无风险的收益，那么只能去存款，即便是存款同样也会面临通货膨胀的风险。

真正没有风险的投资是不存在的。如果你不敢面对亏损，那就一定别奢望收益。

第二，我们做了哪些承诺？

我们的承诺是用闲钱至少投资三年不打退堂鼓，可是很多人开始才不到一个月、两个月，就因为碰上这一次大跌马上慌忙地退出，生怕造成更大的亏损。结果他们一退出就成了真正的亏损，而大盘后面的连续上涨又彻底错过，再也没办法重新进入。

这就是理财新手最常见的情况：踏空。

还有的朋友，投资差不多有一年多，这一年多的市场相对比较平稳，所以看到的基本都是比较稳定的收益，但是像这样一天跌去 8% 的场面从来没有遇到过，所以一下就慌了，从而选择了抛售。

不管是哪种情况，说实话都没有完成当时"至少投资满三年"的承诺。

之所以说三年，是因为这个时间说长不长、说短不短，足以让人学到很多基本知识，让人充分了解经济运行的规律，最重要的是积累一定的经验。

可是很多人根本做不到。

第三，投资理财的作用究竟是什么?

之所以把这个问题单列出来，是因为它非常重要。

坦白地讲最开始投资理财的时候，我只是单纯地希望多赚一点钱。随着这些年的成熟以及对外观察的增加，我发现理财这件事带给我的还真不仅仅是赚钱。

举个很简单的例子，我一直不建议年轻人去炒股，因为这样会占用太多的时间。如果把这些时间拿到专业上去努力、去学习，同时用基金投资的方式代替炒股，完全可以既把工作搞上去，又有额外的钱生钱的方式。

我自己在明白了这一点之后，大概从 2005 年之后就再也不炒股了，把大部分时间和精力放到工作上，而投资这一块全部由基金定投来完成。

经过了这么多年的积累，我发现这个决定无比正确:

工作并没有因此受到影响，投资也没有停止脚步，两条腿都在往前走，两个方向都在创造以前没有想过的高峰。

即便到了现在，因为疫情给工作带来一些影响，让收入有所减少，但是我一点也不慌。

这就是持续不断、积少成多、集腋成裘的投资理财带给我的帮助，即便生活中出现疫情这样完全无法预料的黑天鹅事件，即便我们的工作和收入会受到一定影响，这么多年的投资理财也已经悄无声息地为我构建了一道风险防火墙。

不慌张对于现在这个阶段的普通人来说是多么重要的一件事。即便在未来几个月甚至半年当中收入受到一些影响，它依然能够帮我们稳住生活这条大船，让它不至于倾覆。

投资理财带给人最重要的收获就是安全感。

这种安全感跟你在做什么工作没有关系，跟你现在赚多少也没什么关系。因为不管你做什么工作、赚多少，生活中的意外都会发生，就像这次疫情一样，完全让人意想不到。

当我们面对这些意外心惊肉跳，甚至开始想着把钱从基金里撤出的时候，不妨想一想：

我们做到了最开始的承诺吗？如果没有做到，那你的决定多半就是错误的。

第三章

为什么有些人
富不了

为何简单有效的
理财没人学

> 如果你坚持下去，总有一天你会获得回报；如果
> 你不坚持，肯定无法获得回报。

不止一个读者通过私信问："能不能告诉我，该如何安全地挣钱？"

对这样的新读者，我通常都会很耐心地根据他们的具体情况给出一些建议，比如循序渐进，再比如积少成多。

这样的建议他们通常不太满意，然后又会略有些含蓄地问。听着听着我忽然明白了，他们其实想问的是："有没有可以安全挣快钱的方式？"

如果我把这个猜测主动说出来，他们就会不住地点头："对对对，我现在比较缺钱。"

对"挣快钱"这种问题，我当然回答不出什么来，因为我这辈子就没相信过挣快钱这件事，有关这方面的内容更没有写过一个字。

有没有人挣到快钱？当然有，但我真没那种命，所以我都是用最傻也是最笨的方式去达到目的。

听了我的回答，他们就不说话了。有些人退出了读者群，我还看到有一个人在微博上难掩失望地说我就是个"骗子"。

如果这个世界上有安全地挣快钱的方式，请你一定告诉我，因为我也非常想知道。

1

无独有偶，有个读者看了我的书以后，给了一个一分差评。

其实我对差评一点也不在乎，我在乎的是他打差评的原因——他在评论当中说：

我还以为里面能讲什么有用的东西呢，其实不过是讲了一些最基本也最简单的投资理财方式，可要真按照这种方式，大概要20年以后才能变有钱吧。

然后，他给我贴了一个"大忽悠"的标签。

我看到这条评论，同样不知道该怎么回复。

几天以后，这条评论下有另外一个读者发表了不同的看法：

"你想知道的有效的挣钱方式无非是挣快钱还不用背负责任，就是因为有这样想法的人太多了，才给了很多骗子可乘之机。"

看了这段话，我心里挺有感触的。我当然不会因为读者的差评而生气，但这从另外一个侧面证明了，挣快钱对于这个时代的人有着怎样的吸引力。

在我这么多年跟钱打交道的生涯中，真的从来没有挣过什么快钱，都是一边踏踏实实地工作换来收入，一边安安静静地用余钱投资理财。

很多人把巴菲特当成致富榜样和目标，但我特别想分享一段他有一次在接受亚马逊创始人贝索斯采访时说的话——

贝索斯："您的投资方法既然这么简单，而且又这么赚钱，那为什么大家都不愿意学你呢？"

巴菲特："因为这个世界上没有人愿意慢慢变富。"

这段话放在中国，依然有很强的现实意义。

在 30 岁之前，我的大部分收入都来自工作，收入比上不足比下有余。

偶然在 26 岁那年踏入股市，结果一脚踩到泥塘里，亏了好多不说，也彻底打碎了我一夜致富的美梦。

当时抱着一夜暴富想法的人，绝对不止那时候的我一个。

记得 2005 年迎来人生第一个牛市的时候，股指短短一年间从 1000 多点迅速上涨到 6000 多点，那时候无论是股票还是基金都在迅猛上涨，直接把很多小伙伴的心态都带得浮躁起来。

记得有一段时间，领导都在办公会上抱怨说，现在的队伍怎么那么难管，稍微批评一两句，那边就甩出一句：大不了不干了，回去炒股也比写稿挣得多。

弄得领导们都恨死股市了。

2

但是好景不长，没过多久股市便开始大跌，一天跌100多点是常事儿。很快原来眉开眼笑、不把工作当回事的小伙伴们就感觉到了现实的痛，这次换领导扬眉吐气了，再批评小年轻们稿子写得烂也没人再敢说难听的话了。

那次大跌中的我也遇到了人生第二次投资理财上的迎头暴击，好不容易有所收益的基金也开始出现亏损。

等到再一次恢复正常扭亏为盈，已经是2009年以后的事了。

经过这几年一上一下、起起伏伏的牛熊交替，我发现了一件事：

我每个月工资收入的定期积累依然在涨，每次看都有所收获，但是投资账户中的数字跟抽风一样，很容易让人失去耐心。

那是不是投资就没有用了？也不是。

那一轮熊市从2008年开始往下跌，一直跌到2009年，直接从6100点跌到1600点。可能因为经历过之前的熊市，所以我一点也没有把这次下跌当回事，唯一做的就是保持了定投。

在2010年，股市终于回到了3200点左右，当时我的基金总共盈利不过20%，投资了四年多时间。

如果按照年化收益，我平均每年的收益是5%，仅比当时每一年定期收益高两个百分点。

我记得当时我还写了一篇文章，讲这些年的定投对比。结果文章发出来之后很多人都在嘲笑，说四年才收益 20%，太少了吧。

我那时候年轻气盛，实在忍不住问对方：那你能告诉我你这几年赚了多少吗？

他说他根本没有投资，就算这样，他依然觉得我投资了四年才赚20%，跟他这个没有投资的人比起来，"收益太低了"。

在中国股市从最高点跌去 80% 的熊市中都能获得 20% 的收益，我不知道那些什么都没做的人怎么好意思嘲笑。

3

2008 年开始的那一波熊市的时间比我预想的要长得多，长到我除了保持定投之外，已经提不起任何兴趣去看它。

那几年，我把绝大多数时间和精力都放到了工作、阅读和写作上。

我唯一庆幸的是，这么多年我既没有停下投资的脚步，也没有停掉工作和学习的步伐。

对我来说，工作可以带来稳定的收入，相当于数学题里源源不断的水龙头，而投资理财则是一个蓄水池，蓄水池和水龙头的题我以前上小学时从来做不好，没想到现实中它成了我最贴心的呵护。

就是在这段漫长的时间里，同样能听到很多人的疑问：

我们什么时候才能赚到钱？

说实话我也不知道。在那个时候虽然我坚信投资会有所回报，但我真的不知道这个回报什么时候才会到来。

就像现在读者群里很多小伙伴问这个问题一样，我依然只能说：如果你坚持下去，总有一天你会获得回报；如果你不坚持，肯定无法获得回报。

回头看过去，我从 2001 年前后开始投资理财，近 20 年中只有 2005 年、2006 年、2009 年、2015 年、2017 年、2019 年、2020 年这 7 个年头在赚钱——7/19 的比例看上去很低，神奇的是，尽管现在大盘还是只在 3300 点，尽管我赚钱的年份远远少于亏钱的年份，但因为用基金定投这种最简单的方式，我的投资收益已经翻了好几倍。

这就是基金定投最有效的"自我修复"功能。

中国的熊市永远是那么长，每次熊市短则四五年，长则六七年；而牛市永远那么短，经常持续不到一两年就无影无踪了。

很多时候，当牛市露出头角的时候，大部分人并没有感觉；而真正显出牛头的时候，大多数人还会怀疑；当它真的开始奔向前时，很多人仍然半信半疑。

终于，所有人都认为牛市已经来了的时候，它多半已经伸出了熊爪子，准备一巴掌把你拍个半死。

我就是熬了很多年，从以前的毫无知觉，熬到后来的春江水暖。

4

2015 年的那波牛市是我碰到的最凶险的一轮牛市，因为从谷底到峰顶只花了短短半年的时间，可是从顶峰跌到谷底长达好几年时间。

在那几年中，周围有很多人因为账面财富的变化，影响了心情甚至生活。

我在上一本书中曾经写过认识的不止一个人，因为在投资市场里把握不好心态，总想着一夜暴富，结果亏得一塌糊涂的故事。

如果说有的人亏了还有可能重新站起来，那么这些人亏了基本都没有站起来的可能，因为他们常常都是为了一夜暴富而孤注一掷。

总有些人告诉我，他们的计划是 40 岁之后退休，到那之后就什么也不干，就只玩儿。如果你认真地问他为此做了哪些准备，答案多半都是否定的。

事实上，真正有能力 40 岁退休的人，人家才不会做这样的选择。

再说，要是 40 岁之后还是没有赚到足够的钱支撑花天酒地、游手好闲，难道你就去自我了结吗？

既然如此，我们为什么一定非要给自己下这样的定论：我必须一夜暴富，我必须挣快钱，我必须让几十年应有的辉煌在一夜之间实现？

钱虽然没有生命，但你如果凡事都从钱出发，钱多半会绕着你走；你越是按部就班做好该做的事，钱最后越是会跟你非常亲近。

这 20 年当中，我周围基本上可以分为两类人：一类人是跟我差不多，一边工作一边理财，挣得多时不害怕，投资亏了也不心疼，总之就是按部就班地往前走。

还有些人总是因为这样那样的原因，自视甚高，总觉得自己可以比别人更短地走过成功路径，别人花一年，他们只想花一个星期，别人花十年，他们只想花一个月。

事实正好相反。

按部就班的这类人，绝大部分过得都还不错，日子可能不是大富大贵，但绝对衣食无忧。

而另外那些人，怎么说呢，好多人都已经消失了。

5

那么，生活中是否真的没有挣快钱的时候呢？想了想，也不尽然。

大学时有一个师姐，高我三届，人长得非常漂亮，专业也特别好，每次给学弟学妹们做经验分享的时候，都是她出马。师姐每次在讲台上都是光彩夺目，侃侃而谈，总能吸引很多粉丝。

当时没有人会怀疑，她未来的人生会是如何璀璨夺目。

后来她大学毕业了，去了一家旅行社，开始了涉外导游工作。因为她的专业好，人又长得漂亮，性格也很好，很快被安排去带重点线路的重点团了。

短短两年以后，正在大四的我们忽然惊讶地知道了一个消息：这个师姐被逮捕了——这个消息实在太过惊人，我们都以为听错了。

她被抓这事是真的。

大学毕业刚工作的时候收入都不高，那时候带团当导游多少会接触到一些公款，涉外团还是用外币缴纳团费。师姐微薄的收入和丰厚的外币团费相比，实在不值一提。

不知道是不是这个原因，师姐心里非常失衡，后来她就伙同会计贪污团费，一直持续了大半年，贪污了几十万元，直到最后在单位审计中曝光。

　　被抓后，她痛哭流涕地说，自己就是太想一夜暴富了……

　　是的，很多想一夜暴富的人就是这么在我们的生活当中消失，就像有句话说的：绝大多数挣快钱的方式都在刑法里写着。

　　算了，作为普通人，我们还是老老实实地工作、踏踏实实地理财吧，反正迟早都是我们的，又何必急于求成?

跌也怕，涨也怕，怎么办

当你们害怕下跌、害怕横盘、害怕上涨时，请沉下心好好地坚持下去，坚持至少三年，看一下你手中的筹码在三年之后会发生什么变化。

说起来最近我时常有撑人的冲动，尤其是面对一些奇怪的问题时。

之前是："刀哥，现在大盘下跌了，我要继续定投的话不是会越套越深？要是被彻底套住了该怎么办？"

然后是："刀哥，现在怎么既不涨也不跌呀，这个状态多让人烦啊，还不如给个痛快，你说什么时候才是个头啊？"

现在是："刀哥，现在上涨了，我好像买少了，应不应该多买点？可这样是不是就等于买到高峰了？"

……

1

为什么投资新手们总是那么"抓马"①，所有画面都会出现在他们的脑子里?

2020 年上半年虽然非常匪夷所思、动荡不安，但是对于投资理财这件事情来说，绝对算得上是一个很好的年景。

在上半年不管你从哪个时点进入，也不管之后市场如何上下波折，只要你稳住了，都会有比较好的收益。

远的不说，2018 年生活还算顺利，但是那一年整体市场下跌 30%，挣的还没有亏的多……

所以中国那句老话"福兮祸之所依，祸兮福之所伏"用在那个情况下再妥帖不过了。

经常看我文章的小伙伴应该都知道，我一直希望大家能够尽早地踏入投资理财市场。

当然并不是让大家去买股票，我一直认为最适合大多数年轻人的投资理财项目是基金定投。

它进可攻退可守，理解起来也没有那么困难，把投资的事情交给专业人士，年轻人可以集中精力做好工作，最重要的是回避了股市相对于普通人的巨大的、不可预测的风险。

即便如此，当你真正踏入投资市场面对每天的涨涨跌跌时，很多之前拍着胸脯说"我会淡定的"的小伙伴多多少少会慌了神。

---

① "抓马"是英文单词 Drama 的音译谐音词，意思是"戏剧化"。——编者注

他们在害怕什么?

在投资之初,理财新手们最害怕的是下跌——因为下跌就意味着真金白银缩水,要是不亏损,完全可以拿出去吃喝玩乐,可一亏,"哎哟,真是心疼死我了!"

害怕下跌是绝大多数新手初入投资理财市场必不可少的第一课。

记得当年我刚开始尝试投资理财的时候,对别的都没啥感觉,唯一的期待就是千万别跌。

可是这个世界上的事情怎么会天遂人愿呢?越不希望发生什么,结果越发生什么……一亏就亏了四年,中间想了很多办法,但一点起色也没有。

别的事情包括工作、生活、学习,努力了还能有个好结果,唯独在投资理财这件事情上,面对海量的市场,个人的力量完全微不足道,下跌的趋势一旦形成,你就已经把握不了了。

那怎么办?

2

只能继续保持定投。只有这样,才能在不断下跌的过程中,不断买到便宜的筹码,摊薄之前的成本,等待变盘的时机。

好在经过一段时间的定投以及自我心理建设之后,我终于明白过来,投资市场不可能永远下跌,也不可能永远上涨,跌久必涨,涨久必跌,这才是真正的铁律。

一旦认识到这一点,人的心态就会有所平复。

后来我已经没有那么害怕下跌了，再后来就开始特别讨厌"不涨不跌"，尤其是在市场长期横盘、上不去下不来的整理阶段。

好不容易恢复了点热血，觉得它会上去了，结果折腾两下又下来了；

觉得是不是要跌下去的时候，它突然又稳住了，又给你一点希望；

等你又燃起希望的时候，它又继续往下掉……

就这样上上下下起起伏伏，拖了很长一段时间，居然没怎么涨也没怎么跌，就是给你一种"死也不让你死得痛快、活也不让你活得开心"的折磨。

仿佛打了一通宵麻将，结果不输不赢，折磨死了！

在过去的二十年中，这种事情一点也不少见，那种感觉就像温水煮青蛙一样，让你上上下下"生不如死"。

对于初入投资市场的小白来讲，这种不上不下、不涨不跌的局面，其实挺痛苦的，就像钝刀子割肉，让你在慢慢麻木的情况下不断煎熬。

很多人其实最不喜欢的就是这种状态：要么涨要么跌，给个痛快的行么？不涨不跌是个什么情况？

实际上，不涨不跌通常就是变盘的前奏，尤其是熊市进入牛市之前，经常有一段很长的横盘整理阶段，一旦失去警惕和观察力，就很容易与之失之交臂，妥妥地踏空。

所谓踏空，就是人家上涨赚钱，你只有在旁边看着的分儿。

3

经历过害怕下跌，又经历过不涨不跌，对于小白来讲下一步出现的，就是害怕上涨。

肯定会有很多人觉得莫名其妙：投资不就是为了迎接上涨吗，害怕上涨是什么意思？

不是在开玩笑，2020 年上半年股市开始恢复性上涨的那段时间，我听到最多的就是：

"刀哥，最近涨得我心里有点发毛，这涨得也太快了吧，怎么会这样？"

他们所说的心里发毛，真的不是开玩笑。

之前大盘下跌或者被套，包括前段时间疫情导致的外国股市坍塌，直接影响中国股市表现的时候，他们都能老老实实定投，不急不躁，我当时忍不住暗暗点头，真是一帮可造之才呀……

没想到随着调整行情的结束，大盘开始逐渐向上的时候，他们有些慌了：

糟糕，涨了涨了……

糟糕，已经盈利 10% 了……

糟糕，已经盈利 20% 了……

糟糕，已经盈利 30% 了……

太可怕了我想卖了……

……

每当这个时候，我就特别想伸出罪恶的魔爪，恨不得掐死这帮人！

我就纳闷了："你们慌什么啊？"

他们说："我们真的很慌，也不知道为什么，下跌时想到你说过那不过就是一个纸面数字的变化，心里不慌也不担心，觉得很有底，就这么熬着；谁知道一旦面对上涨，面对账户上迅速扭亏为盈，面对盈利数字不断节节上升，心态却莫名其妙崩了……"

听明白了，在地下"趴"久了，"突然站起来了"很不适应。

4

每到这时候就会发现一个特别搞笑的事情：在决定投资之初，大家都是拍着胸脯信誓旦旦地说"没问题，这钱我一定三年内不用，我一定会长期投资，我一定会保持定投……"；当真的面对上涨下跌时，总会有那么一批人心态失衡，会担心这样、担心那样，完全忘了当初自己的承诺。

为什么会发生这样的情况？为什么小白总是过不了心理动荡这一关？原因不外乎以下三个。

第一，了解得太少。

绝大多数初入投资市场的小伙伴眼里只有数字，尤其是眼前的数字：今天涨了明天跌了……一段时间内他们的脑子里都是这些数字的影响。

稍微有一点投资经验的人都知道，对于中长期投资，比如至少三年的基金定投来说，短时的涨跌并不能说明任何问题，甚至没有什么参考意义。

可是对于新手小朋友来讲，恰恰这些眼前的数字才是真实的。

可能是我在读者群里进行的心理建设比较充分，长期跟大家说的就是不要怕下跌，所以当市场发生下跌的时候，大家心态还比较稳定。

而我的确没有讲太多不要害怕上涨的事，结果一遇到上涨，这帮小白就会慌得不行。

第二，经历的太少。

实际上，没有经过一波完整的牛熊交替的小白，还算不上真正意义上的投资者。

每当他们说到一碰上上涨就慌得"飞起"的时候，我就会嘲笑他们：瞧你那没有赚过钱的丢人样！

他们就傻笑：是啊，还真的没有这么赚过钱。

对于绝大多数投资小白来讲，他们可能亏过很多钱，却真的没有赚过什么钱，至少大部分没有靠投资理财赚过钱。

他们赚钱更多的是靠着工作，每天辛辛苦苦、踏踏实实地赚钱，很少经历过最近这种靠钱生钱、每天都有进账的日子。

翻身农奴一旦把歌唱完，就经常不知道自己下一步应该干什么了，甚至想继续回去当农奴……

在大多数投资小白的字典里，赚钱是多难的一件事啊，必须卧薪尝胆，必须忍辱负重，必须遭受折磨和痛苦；现在呢，居然这么轻松地就赚了，好像灰姑娘穿上水晶鞋后，瞬间迷失了方向：

北呢？……北在哪儿？

第三，参与的时间太短。

刚才说过，大部分小白没有经过真正的牛熊交替，所谓牛熊交替就是当你从熊市走向牛市，又从牛市走向熊市这样一个完整轮回的过程。

就好像你结婚又离婚然后又结婚，从未婚到二婚，人肯定会跟以前的"生瓜蛋子"完全不同一样。

5

有些人会觉得很惊讶：我为什么要经历一个完整的牛熊交替？为什么不能在牛市最高点跑掉而熊市最低点买入呢？

这是一个很多小白或者新手常有的疑问，别忘了：你不可能未卜先知，更不可能提前知道牛市或者熊市什么时候到来。

再说，你能直接就从未婚变成二婚吗？

即便在2020年三四月间，我就看出后面会出现行情，这是很多信息呈现出来的判断。但这个时候很多人并不敢贸然加仓，因为长时间的低位徘徊已经让很多人有了思维定式。

同样，一旦进入牛市，市场每天都涨得很厉害，每天创新高的时候，也会渐渐消磨掉人的警惕心，总觉得会有新高，然后市场就以迅雷不及掩耳之势掉头向下……

有些人觉得既然这样那就跑呗，可是市场哪会那么容易就让你跑掉？

法院判离婚，调解之外还有冷静期呢，想得挺美！

当你以为牛市还会继续的时候，它已经开始往下掉了，而且一掉就是铡刀断头式的大幅下跌，普通人除非割肉，否则根本没有出逃的机会，天天跌停，你怎么跑？

而且很多人会不由自主地把大幅下跌的基金净值和之前的最高点相比，仿佛自己亏了很多，结果错失逃跑的时机，大部分新手被套都是这个原因造成的。

而且中国投资理财市场恰恰有一个特点：牛市非常短，有些时候一年两年就结束了，而熊市非常长，有些时候长达好几年。这种情况下，熊市心态会更容易导致你害怕突如其来的上涨。

可我们也是经历过基金连跌 14 天的人哪，也是扛过 2018 年全年下跌 30% 的人哪，为什么现在赚个 30% 我们就害怕、连涨 10 天就想跑呢？我们真的是"投资贱民"，天生亏的命吗？

当然不是！

各位亲爱的小伙伴，当你们害怕下跌、害怕横盘、害怕上涨时，请沉下心好好地坚持下去，坚持至少三年，看一下你手中的筹码在三年之后会发生什么变化，行不行？

远离那些剥夺
你财务独立权的人

一个人对钱的态度就是他做人的态度，你能从他
对钱的态度上面，看出这个人究竟是个怎样的人，
值不值得你托付终身。

某天早上，回答了一个读者的问题。

"刀哥，从小父母教育我女生不用太拼，找个好人嫁了就行，我也因此找了现在的男友。最近我花了自己的 1000 元买了一双靴子，结果被他鄙视。之前我想学着投资理财，他也坚决反对，说女人眼里不要只有钱。我心里总有种不对的感觉，想听下你的意见。"

她的问题其实很长，但我的回答很简单，只有三个字：让他滚！

希望每个人都记住：如果你的另一半是一个不愿意让你花自己的钱（请注意，是花自己的钱，不是花对方的钱），甚至不希望你财务独立的人，那么不管他看上去条件有多好，一定要选择离开。

否则，这一定是一个悲剧的开始。

1

几年前刚开始在网上写"人人都爱钱"系列文章时，我有过很长时间的犹豫——就是要不要在文章中这么旗帜鲜明地把钱、感情以及由此产生的取舍，鲜血淋漓地写出来。

我怕有些人觉得我过于现实和冷酷，脱离了感情的温度；我也怕有些时候自己只是从侧面或者细节对事情进行判断，而失去全面；我更担心有些人因为听了我的话，而错过了他们真正喜欢的人。

但在身边接二连三地发生类似的事情后，我还是决定要写出来，这几乎也就是"人人都爱钱"这个专栏的发端——关于个人、感情和生活与金钱之间的关系。

接下来要说两个人。

第一个是一个女生，家里条件还不错，父母对她的教育也很好。女生出国留学回来之后进了一家外企工作，当时的月收入在15000元左右，在北京尽管开销很大，但是作为新人，这样的工作起薪还是不错的。

女生父母是高级知识分子，在南方一个省会城市工作，有很稳定的收入。自从女生决定在北京扎根之后，父母为她在北京花了一笔钱作为首付，贷款买了一套一居室的小房子，虽然总共只有五十几平方米，但是作为女生的闺房和在北京的落脚地绝对够了。

学业有成、工作稳定，还在北京买了房子，女生的情况已经非常不错了，接下来就是感情部分了，她的另一半出场。

女生长得很漂亮，衣着打扮都非常时尚，又因为在国外留过学，见识谈吐不俗，结果在一次工作场合认识了这个男生。男生一见面就喜欢上了女生，对她展开了猛烈的追求。

其实男生的条件远不如女生：他比女生大几岁，工作不如女生，收入也不如女生，在北京也没有房子。

但男生在追求过程当中表现出的决心和无微不至，让女生渐渐地动了心，后来他们真的在一起了，尽管这个过程中很多人提出不同意见，但女生都没在意。

2

照理说这个故事最正常的走向，应该是男生赢得女生的心之后，一路奋发图强，两个人一起走上人生的高峰，但现实中的走势让人有点迷惑。

两个人正式在一起之后没多久，女生就不怎么参加聚会了，无论是以前同学的聚会还是现在同事的聚会，她都推掉不参加了。大家开始以为她要回家过二人世界，后来才发现男生居然经常出现在行业内的聚会场所，大家就很奇怪：你怎么在这儿？女朋友呢？

男生很自然地说她回家了，他觉得有了对象的女生就不要再出来有太多的交际，这样对女生不好，也容易出问题。

开始大家都觉得他是在开玩笑，并没有太当真，后来发现女生真的越来越少地出现在聚会场合了。

不仅如此，女生在穿着打扮上的变化也很大。本来之前看着都是年轻漂亮、花枝招展的样子，后来穿得越来越素，不是黑色就是白色，看着人的精气神都降了好几个层级。

女生很喜欢唱歌，之前一群年轻人经常组织出去唱歌，但后来她也很少参加了。朋友问她为什么不去，她有些为难地说不是自己不愿意去，而是那个男生觉得她不应该去。

就像前面说的，那个男生自己却经常参加这些聚会。

这还罢了，两个人最大的问题是在钱上面——女生因为家里条件还可以，又没有太多的后顾之忧，父母也一直教育她，不管是什么情况，都要保留经济独立权，所以女生每个月会把自己一半的工资存下来，剩下一半就用作生活费。

而这个男生的收入除了交房租之外，还要拿一部分寄给老家的父母，这其实也没有什么，问题是这样一来他的收入所剩无几，两个人在一起的时候大部分花销是女生在承担。

就算这样，男生忽然有一天给了一张卡给女生——并不是里面存了很多钱、让女生"买买买、花花花"的那种卡，而是告诉女生以后每个月存钱就存在这张卡上。

3

如果说之前的要求（不让她出去玩或者交流）让女生以为是男生在担心自己的安全，那么到了钱这件事情上，她就开始觉得有些问题了。

她非常委婉地来询问我的意见，我一听几乎有些不敢相信自己的耳朵：意思是他拿了一张卡，让你把你的钱存在这张卡里，那这张卡是谁的名字？

女生说是男生的。

我问：他为什么要那样做？女生说，男生的意思是希望她别太大手大脚，这样他能够帮助女生把钱好好地管起来，毕竟以后的生活需要花钱的地方很多。

我跟女生说：绝对不可以。你们俩如果已经结婚或者你的确太过铺张浪费管不住自己当然另当别论，但现在就这么做肯定是不合适的，而且他这不仅是不希望你花他的钱，还惦记着你的钱。

女生并没有太多感情经验，听了我的话一下就愣了：有这么严重吗？

我说当然有，有些男生看上去很单纯，但关于钱的小心思真是全部写在他们脸上。他跟你在一起，他的钱是他的钱。你的钱也是他的钱，他找的不是一个平等过日子的对象，更像是一个免费情人、无偿子宫甚至是自动取款机。

女生一想也觉得有些道理，就跟男生沟通这件事。没想到男生对此特别生气，认为女生是看不起他。

至于女生提到的现阶段财务独立的问题，男生认为两个人既然在一起就不可能绝对独立，如果这样的话那就谈不上真正在一起，这话听上去好像也有道理。

但要我说，这个说法成立必须有两个先决条件：

1. 男方跟女方要么同比例存钱，要么同比例承担生活开销。
2. 要求女生在交际、生活等方面的种种要求，对男方同样也有效。

做不到这两点，那男生只是希望控制女生而已。

4

说完女生，再说一个男生的故事。

这个男生大学毕业之后留在了北京一家公司工作。这是个互联网公司，男生是程序员，虽然收入还可以，但是经常加班，而且劳动强度很大。

男生工作了两年多后，谈了一个对象，是别人介绍的。这个女生比男生小两岁，也在北京工作。她读完中专就出来闯荡了，在一家公司做行政，工作比较清闲。

尽管周围有人说两人的条件有些差距，但是男生并没有太多的犹豫，觉得只要两个人认定合适就行了。

但后来发生了一件尴尬的事：男生所在团队因为工作比较忙，所以为了放松，每隔一段时间大家就会出去聚餐，聚餐的费用是轮流买单。

其实这是一个已经沿袭了挺久的事，有一天轮到这个男生请客，他刚用支付宝买了单，不到五分钟他的手机接到了一个电话。

电话那头的人应该是在询问他因为什么刷了卡、跟谁吃饭、在哪儿吃的、有多少人、吃了什么……男生有些局促，但还是一一回答了。中间男生还说现在跟同事在一起，稍晚点再回电话，但电话那头并没有同意，一直问到最后。

这个电话真的让人很尴尬。男生接了电话后，席间一片安静。半天才有人问男生对方是谁。男生有些不好意思地说是他女朋友，怕他回去晚了，打电话过来让他少喝一点酒。

大家并没有点破。这样的事情后来又发生过几次，再后来大家在组织聚餐的时候，就不再叫这个男生了。

5

其实这个男生性格很好，也很乐于助人，所以有很多朋友。后来有一天男生说已经买了房子，虽然位置很远，面积也不大，但是好歹也算在北京有了家了。

同事问他是不是准备结婚了，男生说是的，两个人既然已经决定在一起，那结婚是迟早的事情，所以倾全家之力交了首付买了这套小房子。

然后一群同事就说，那我们去给你"暖房"吧。男生非常开心地答应了，一群同事就跟男生定好了时间。

到了那一天大家汇集到男生家里，为此所有人还凑钱为男生买了一份几千元的暖房礼物。

让人没有想到的是，到了男生家，大家一直聊天聊到饭点，也没有看到有准备午饭的迹象。

有人开始还想，那可能是点外卖吧，其实也不错，点外卖也方便，大家就继续聊天。没想到这时候男生和女生进了厨房说准备午饭去了，等大家坐到餐桌旁才发现，一共五六个菜，而那天去的人有七八个，除了一个女生之外，其他人都是小伙子，这点菜根本不够。

男生顿时觉得有点不好意思，说要点些外卖……话还没说完，那女生在厨房里来了一句：我觉得菜量已经挺多的了，还不够吃吗？

她这么一说，来暖房的人都面面相觑，也不好意思再说什么了，一群人就围着那五六道菜在干吃。最后那些菜居然还剩了，女生笑着说："看吧，我说菜够了吧！"

其中一个人后来私下跟我说："刀哥，你知道吗？那真是我这辈子吃过的最尴尬的一顿饭。"

没错，不仅他说着尴尬，连我听着也觉得分外尴尬。

6

之所以要说这两个事情，是因为对这则求助很有些触动。

就像我在另外一篇文章中曾经写过的：谈恋爱贪图对方有钱没有问题，贪图对方有权也没有问题，贪图对方美色更没有问题，有问题的是你自己可以这样做，却不允许别人这样做，或者说你明明是这样做的，嘴上却根本不承认。

大多数事实证明：真正让两个人感情能够长久延续的一定是价值观，而未必是当时当刻的收入差距。

收入差距可能影响一时，但价值观差距会影响一世。

而价值观差距在生活中最直接的体现，就是你们对钱的不同态度。

我一直认为：一个人对钱的态度就是他做人的态度，你能从他对钱的态度上面，看出这个人究竟是个怎样的人，值不值得你托付终身。

这并不是说钱的多少可以决定你们感情的走向，而是对方对钱的认知常常代表了他对你身份的态度：如果不把你放在眼里，自然也不会把你放在心上。

而以过来人的身份看，真正适合彼此的人可能并不在于钱多钱少，而是在于你们的价值观取向或者金钱观。

就拿"为你花钱"这件事来说，愿意为你花钱的未必是适合你的人，但是不愿意为你花钱的人一定不合适，至于连你花自己的钱都不让的人，更是有多远就让他滚多远！

就算两个人未来结婚构成了统一的利益主体，但是在人格和生活追求上，应该依然是独立的，有能力也有权利支配自己的资源。

所以，凡是不希望你拥有独立的财务意识和财务状况的人，绝对不是良配。

虽然两个人在一起了难免会统筹考虑，但这绝对不意味着你要丢掉金钱上的防火墙——财务独立和财务间隔是自我保护的一道防火墙，它非常重要。

最后说一下这两个朋友现在的状况：

第一个女生跟男生相处了一段时间后，最终确认男生并不是合适的人，双方存在意识上的鸿沟，最后尽管男生极尽挽留，但女生还是跟男方分了手。

但是第二个故事中的男生已经和女生结了婚，大家都觉得他变了一个人一样，本来当初是多么神采飞扬、大方豪爽的一个人，现在已经有了一个只有少数人才能意会的外号："六道菜老公"。

同是遭遇 P2P 爆雷，
为什么会有截然不同的结果

> 类似 P2P 这样的投资理财陷阱，每过几年就会重
> 新更新一次，只是网住的是不同的韭菜而已。

如果你朋友的一笔理财款忽然收不回来了，你会怎么办？

如果你正好也有一个类似的理财项目，发生类似的事后，你又会怎么办？

最近两年，P2P（互联网金融点对点借贷）爆雷已经不是新闻了，问题是万一你碰上这种事情，你会怪自己，还是怪别人？你会笑别人是傻瓜，还是后悔没听别人的劝？

这是我亲眼所见、亲身经历，甚至亲自参与其中的一段经历，中间过程跌宕起伏，连我这个以文字为生的人一度都不知道该怎么描述它。

征得当事人同意，将这段发生在短短四个月中的事情记录下来，也

再次给读者们提个醒：

任何要把钱从你银行账户里拿走的投资理财，除非你已经做好了全部亏掉的准备，否则都不要相信。

1

事情主人公是 A 和 B。

他们年纪差不多，都是 35 ~ 40 岁，条件也都差不多，有稳定的工作和收入，都已经成家。有车、有房、有孩子，区别是 A 是女士、B 是先生。

两人彼此不认识，但都是我很熟悉的朋友，相比之下，我和 B 认识的年头更长一些，我们曾经是同行，关系一直不错。而和 A 是前几年因为工作才认识的，没想到很投缘，交往也逐渐增多。

偶尔见面的时候，除了聊工作和生活，我们也会说起"赚钱"这个话题。

因为大家都有自己的工作，也基本已经迈过了生活最初的积累阶段，所以我们聊的基本都是"如何能让钱帮着自己赚更多的钱"。

这并不是一个很新的话题，其实就是收入和投资理财的均衡分配，我曾经在以前的文章中多次写过。

在过去的很多年里，我的理财方式和比例其实都没太大变化，风险高中低档都有，投资原则之一就是：

除了购买保险之外，基本不会让投资理财款离开我的银行账户。

A 和 B 都是比较谨慎的人，这个年纪都是上有老下有小，虽然有点家底但也并不算太多，至少不能什么都不干，离彻底实现财务自由还远着呢。

我们也交流过投资这个问题，他们跟我的看法完全一致，所以我一直觉得后面的事情根本不会发生在他们身上。

那年 4 月的时候，我跟 A 见了一面，结果发现她瘦了一大圈，整个人的精神状态也不太好，跟平常神采飞扬的她感觉完全是两个人。

看到她的样子，我很吃惊，问她怎么了。

她这才告诉我，她买的理财产品出了问题：应该 4 月到期还本付息的，只付了 15% 的收益，本金却没有回来。

一问本金多少，七位数，差不多是两口子这些年的全部积蓄！

我听了大吃一惊："你们不是一向只买银行的理财产品吗？"

仔细一问才知道，因为觉得银行理财产品 4%~5% 的收益太低，A 两口子选择了一个朋友推荐的 P2P 项目。朋友就在这家 P2P 公司工作，两人觉得熟人可靠，另外万一有什么问题，人家也会提前告知。

更重要的是，他们觉得这个 P2P 公司项目约定的 15% 的收益并不太高，至少比那些动辄号称百分之三四十的项目看上去靠谱多了。

但是靠谱不靠谱，根本不是"你以为"就可以决定的。

2

A 的这笔钱是前一年 3 月份投进去的，双方还签了很正式的合同，约定了收益率和还款时间。到了第二年的 3 月，对方倒的确把收益打了过来，但是本金迟迟未还，原因不明。

两口子很着急地找到朋友和这家公司，对方承诺一个月后也就是 4 月归还本金，态度诚恳，言辞也谦恭。

两口子思前想后，好像也没别的什么办法，于是就同意了。好不容易熬到一个月后，本金照样没拿回来。

这时候 A 才意识到对方的资金链可能出现问题了，自己过去多年的积蓄有可能就此打了水漂："意识到这一点的那天晚上，我忍不住哭了很久，觉得之前多年的辛苦统统都白费了。想要重头来，又谈何容易……"

我像看怪物一样看着她："什么重头来，你得想办法把这钱要回来！"

"我们要了，他们拖着不给。"她有点蒙地继续说，"我们去找了好几次，那边各种拖，就是不给钱。"

"他们拖是肯定的，最近关于 P2P 的监管政策频出，他们资金紧张多半跟这有关。"我想了想，"你先把他们的公司名、地址还有你们签的合同发给我看看。"

这些信息看上去没什么异样，到网上一查，公司经营貌似也正常。光看该公司官网，一片欢乐祥和，就在拖着没给 A 本金的同一时间，这个公司还有新的理财项目在不断上线，啧啧。

再看合同，这一下我就看出了问题：

本来应该是跟这个公司签的合同，实际上成了另外一家公司，而且明明是投资理财合同，上面却成了"招合伙人"的"有限合伙合同"。

这中间的区别就在于，如果是投资理财合同，就是正常的投资理财；如果是"有限合伙"，意味着双方是共同经营，风险共担。

后者无论在法律责任还是风险后果上，都跟前者毫不相同。

然后问 A，她更是一头雾水。这时我才知道，他们在买这个所谓理财项目的时候，只是听他们那个朋友的介绍，盘算了一下收益率，然后就决定买了，根本没有仔细看这个合同究竟是什么情况、有哪些问题。

其实，人家早就挖好了坑，就等着你自己往下跳呢……

3

我对 A 说："现在对方虽然没有给钱，但也没有什么负面新闻爆出来，说明事情还有可以挽回的余地。等真的有负面新闻爆出来，那时候可能就真的没办法了，所以现在还是要努力想办法。"

A 听我这么说，觉得似乎也有些道理，只是她与人斗争的经验太少，一时在不知道该从哪个方面下手。

我问 A："像你这种情况的投资者有多少人？大家的金额差不多有多少？" A 茫然地摇摇头："我只知道自己没收回本金，不知道还有没有人像我们一样。"

我想了想，告诉她："我先帮你联系一下媒体同行，看有没有人对这事感兴趣的。如果有媒体介入，对方公司的态度多半会不一样。"

后来还真有财经媒体愿意去采访。

原因很简单，当时互联网金融监管政策刚出来，大家都想看看 P2P 这个领域究竟是否真的有问题。

当 A 带着暗访的记者再次来到那家公司时，发现他们还在向新的投资者销售新项目，全然不管 A 还没有拿回自己的投资本金。

而当着记者的面，那家公司再度承诺会归还 A 的本金，至于归还的时间，不知道。

这个过程让 A 憔悴又郁闷："你看吧，他们就是这样，今天拖明天，明天拖后天。说得很好听，但就是不还本金。"

A 对当初轻信朋友而造成后来的局面后悔不已，由于那个朋友是通过 A 的先生认识的，因为这个事两口子之间还发生了不小的矛盾和争吵。

A 的先生甚至一度反对媒体介入，他的理由是："如果媒体曝光了，那这钱不就彻底拿不回来了？"

我告诉 A："只要这家公司还想继续经营，它一定会介意媒体的报道。如果它不想继续经营了，根本不会跟你做这样那样的承诺，早就跑路了。"

最后 A 还是选择相信我的判断，让媒体记者从头到尾跟踪采访了这件事。

媒体的采访发现了更多问题，包括这家公司违规操作、涉嫌合同欺诈、根本没有银行托管，甚至发现了它们在项目注册备案手续上的问题。而这些，都不是普通投资者能够辨明的。

4

讲了 A 的遭遇，再来插播一下 B 的。

A 陷入这次投资麻烦的事让我意识到，尽管我们看似有所积累，尽管我们貌似比一些二十多岁的年轻人多一些经验，但是在现在这个社会，其实也根本经不起一点折腾。

为此我专门给几个喜欢买理财产品的朋友发了微信，提醒他们一定要注意风险，如果买的是银行外的 P2P 产品，最好早日赎回。

我发信息的这些人中就有 B。

当时大部分人都说自己并没有买 P2P，只有 B 的回复是："那么多人买，媒体上也经常有宣传，应该不会有什么问题吧？"

我意识到，他也买了 P2P 理财，连忙给他打了个电话，提醒他注意风险。他淡淡地告诉我："就用点闲钱买了一点，尝试一下，没什么问题。"

我听他这么说，放了一半的心。然后把 A 碰到的情况大致跟 B 说了一下，特别是本金亏损迟迟拿不回来的问题，提醒他多留个心眼。

B 很沉稳地说，放心吧。

再说回 A 那边：媒体经过一个月仔细周密的采访，基本了解清楚了所有问题，而在这一个多月中，A 依然没有拿回自己的本金。那家公司就是嘴上说得好听，实际上各种拖延。

到了 5 月底，媒体终于刊发了报道。报道一出来顿时触发了很多投资者敏感的神经，纷纷打电话到该公司询问，同时上级主管部门也开始询问。那家公司这才有些慌了，连忙跟 A 联系，再一次承诺还款，但提出让她先要求媒体撤稿。

A 来问我，我把她骂了一顿："怎么到现在你还相信那边啊，媒体有媒体自己的判断。再说，要求对方还钱和媒体报道之间一点关系都没有。"

A 一听这话也对，于是坚决要求对方先偿还本金，再谈其他。

那时候 P2P 爆雷的情况还不像后来那样普遍，这家公司为了不影响项目的开展，跟 A 签订了还款协议，承诺在 10 天内全部偿还这几百万投资本金。

拿到还款协议后，A 很高兴，我说她："等拿到钱你再高兴不迟。"

另外我告诉她，以我的经验判断，这家公司如果真无力还钱，是不会签这还款协议的。"所以我估计你的钱一定能要回来！"

5

10天之后，到了6月初，该公司果然按还款协议，分四笔归还了A的全部投资本金。

拿回所有本金的那一天，A说自己顿时有种解脱的感觉："这几个月压在心里的大石头，终于没有了。"

我也很为A高兴——年龄相差不大、生活经历相仿的我们，其实太能够理解辛苦打拼积累起来的全部财富全部消失又失而复得的跌宕起伏了。

紧接着的那一年7月，中国P2P行业发生了前所未有的"爆雷浪潮"：

短短一个月当中，200多家从事互联网金融的P2P公司要么跑路，要么清盘，要么宣布无力兑付。成千上万投资者面临血本无归的惨况，其中多的有上千万，几百万的更是比比皆是！

而这一切，在A终于千辛万苦收回投资款后一个月就发生了。现在再查那家公司网站，对方已经出现多笔投资项目无法兑付的状况，众多投资者欲哭无泪。

就在我为A暗自庆幸的时候，有一天忽然接到了B的电话，他在那边问："刀哥，上次你说有个朋友投资款的事，后来怎么样了？"

我说，拿回来了。

他一听语气顿时变了，仿佛溺水的人捞到了一根救命稻草一样："能不能告诉我，是怎么拿回来的？"

我一听心里咯噔一下，问："你不是说你买的不多吗？"

再一问，B大概从两年前就开始参加网上P2P的投资，从将信将疑到深信不疑，从浅尝辄止到倾囊相投，一步步地把自己所有积蓄投了进去，甚至号召亲戚朋友也参与了投资……

资金总数是 A 的两倍不止！

他有些懊恼地说："我真是没想到会这样，前段时间你跟我说的时候，我还不以为然，现在后悔死了！你能不能帮我也想想办法，看怎么才能把这钱讨回来？哪怕一部分也行啊，那……那真是我们家全部的财富了！"

B 的焦急溢于言表，他甚至第二天一早就赶来见我。可是……这一次我真是无能为力了，因为他投资的那个 P2P 平台负责人已经投案自首，警方经侦已经介入，后面的走势就不是普通人可以左右的了。

那天 B 方寸大乱，完全没了之前多年的淡然自若。他说自己为了投这个项目，还卖了一套房，并且把老人养老的钱也投了进去。

大概几天后，B 发了一条朋友圈：

从来没有想过，自己会在这个年纪一贫如洗。

6

在过去的这几年里，互联网金融风起云涌，很多人因为它赚了钱，连我家楼下都开了不止一家这样的理财公司。不知道为什么，我对这种脱离了银行监管和自己账户控制的理财项目一直没有什么安全感，因为除了前面说的那条原则之外，我还有另外一条原则：

如果某笔投资理财真的离开了我的银行账户，那么我一定做好了它

全部亏光的准备。

可是，真的要让我把全部身家汇到另外一个人或者一个公司账户上去投资理财，这种事我根本不愿意做，因为我根本接受不了投资本金"全部打了水漂"的最坏结局。

在过去这么多年的理财尝试中，我经历过不知道多少次上涨和下跌、赚钱和亏损，深知有时候理智会败给冲动。类似P2P这样的投资理财陷阱，每过几年就会重新更新一次，只是网住的是不同的韭菜而已。

我可以接受自己的银行资金赚钱少，甚至部分资金收益没有跑赢CPI，但是它至少能够保证资金安全。投资理财的时间越久，你就越会发现："本金安全"才是投资理财领域至高无上的真理。

因为只有这样，你才可能拥有下一次机会。

而P2P领域的爆雷再次将"你看上了人家的收益，人家看上了你的本金"的怪现状呈现给外界，但是怪谁呢？有些人怪主管部门，有些人怪公司，却很少有人怪自己。

说实话，A真的是运气好，但是很难说下次还会有这样的运气。B明显失于贪婪，在一步步中越陷越深……

从某种角度上说，投资市场会暴露甚至放大人性中的"赌性"，赌它不会亏、赌它不会跌、赌最后接盘的不是自己……A、B皆是如此。

当然我也并不值得骄傲，因为我过去亏的、跌的、接盘的经历其实并不少，只是因为那些数字还在自己可以承受的范围内，没有说出来而已。

所以，该谨慎的时候千万不要贪啊。

女性为什么
一定要理财

凡是物质上不能独立的关系,精神上同样不能独立。

前段时间,我参加了一个媒体举办的"女性理财"主题活动。当时参加活动的大多是女生,分享结束后,忽然有个读者站起来提了个问题:

"为什么你要在理财中强调性别,你不觉得这是在刻意制造对立吗?"

提问的女性大概二十八九岁,看上去光鲜亮丽,意气风发。

我问:"那你的钱都是自己打理吗?"她想了想说:"不是,我跟我先生从来不分得那么清楚。"

我说:"那在没遇上你先生之前,你对生活也是这么有把握吗?"她略犹豫了一下。

我又问:"有一个假设,仅仅是假设,万一你没跟你先生在一起,你还能对理财这件事这么笃定吗？"

　　她脸色一沉，顿时就有些不高兴。

　　我才不管她高不高兴，因为生活的铁拳从来都不会因为你不高兴就绕着你走。

1

　　我向来无意分享什么"鸡汤"，那些东西很容易就被打翻。作为一个经历过很多事情也见识过很多事情的成年人，我只希望每个人在考虑生活的时候，不要仅仅考虑一种可能性。

　　尤其是在钱这个问题上。

　　在《世上有颗后悔药》那本书里，我曾经写过一个身边熟人的真实故事：一个关系很好的女同学，性格温柔和善，在一家企业工作了很多年，一度做到很高的位置。

　　因为家庭教育的关系，她一直把做好一个贤内助奉为圭臬，所以在后来遇到她先生、结婚后没多久，她就放弃了自己的事业，甘心当起了家庭主妇。

　　她不仅把家里的大事小事处理得井井有条，还为丈夫的事业发展各种出谋划策，一步步帮助先生从行业新人走到业界翘楚的位置。

　　因为对夫妻关系很有信心，她并没有在钱这件事上做过多考量，不投资，不理财，基本都是靠先生每月给的家用生活，有了孩子后甚至会用上自己以前的积蓄。

我曾经劝过她，在财务上应该多做一些考虑，她也没怎么听进去。日子就这么过了五六年，有一天她无意中发现先生已经有了外遇，不仅身体一直在出轨，还给对方花了很多钱……这事如五雷轰顶，让她难以接受。

挣扎了很久之后，她不得不考虑一个问题：怎么办？

当时她来征求我的意见，我说完全看你自己。如果你不能接受，那就彻底离开他；如果你觉得无所谓，假装不知道也行。

她说："我不能接受。"

我说："那你就离开他。"

她却犹豫。

很快我就明白她在犹豫什么了。

过去那么多年，她已经基本放弃了自己的事业，也基本没有了收入，加上从来没想过会发生这样的事，所以从来没有在财务上做过其他规划。

如果真要离开他，一个人带着孩子，她无法确定自己能不能安稳地走下去。

2

你看，这就是一个很尴尬的局面：你不能接受另一半出轨，却因为自己从来没有在财务上做过第二手考虑，结果连另起炉灶的机会都没有。

说一下后来的事情：

她跟先生摊了牌，她先生只是略略惊慌了一下就坦白承认了，说自己跟那个"小三"只是玩玩，他还是想跟她在一起好好过日子，言下之意就是让她别闹了，"踏实"过日子吧。

她痛苦了很久，看在孩子还小的分儿上忍住了离婚的心。可没多久对方故态复萌，再度出轨，又被她发现。这一次对方连犹豫都没有犹豫一下，爽快地承认了，还说"我就这样，你自己考虑怎么接受吧"。

她从此觉得婚姻生活再不像以前那样，觉得对方陌生，自己陌生，两个人在一起生活的状态更陌生。

又过了一段时间，大家再次见面，朋友们发现她憔悴了好多。其他人劝她，她也听不进去，只是一遍遍跟大家倾诉她有多不容易，多为对方着想，不明白对方为什么会这么对待她。

听得多了大家也都没什么办法，后来只好假装不知道发生了什么，甚至刻意回避跟她见面。

有一次她跟我发微信又说起这事，我实在忍不住了："出现现在的情况，至少一半责任在你自己身上。"

她觉得这不合理啊，出轨的又不是她。

我说："他为什么能这么肆无忌惮地对你？还不是因为你一点还手之力也没有吗？"

可不是吗，一个女性对生活的把握，对工作的把握，对独立收入的把握，甚至连对家庭财务主导权的把握，她自己都放弃了。这些普通人得以实现精神独立的要素一个都没有，却背着一个所谓贤良淑德的名号，过着痛苦不堪的日子，这合适吗？

她觉得我说得很对，可一年后她还在那里继续痛苦，没有什么变化。

3

这个女同学的遭遇绝对不是绝无仅有。

到了现在这个年纪，目睹和经历的事情越多，越发觉得人的精神独立有多重要——这一点其实很多女性是认同的，但当她们问究竟应该怎么做时，我的回答常常会让她们很诧异："你首先要争取财务自主权。"

财务自主权？这不是物质条件吗，充其量也就是物质独立，跟精神独立有什么关系？

当回过头再去看我那个女同学，想想她困在目前这样痛苦的境地中无法摆脱的最重要原因，不就是因为她担心离开对方无法生活吗？

为了他，她放弃了工作，放弃了事业，放弃了自己可以掌控的世界，甚至连生活来源都成了他每月给的家用，就这种情况，你还想精神独立？

凡是物质上不能独立的关系，精神上同样不能独立。

这个结论不仅适用于夫妻关系，在父母、子女、亲友关系上同样适用。

但很多人，尤其是很多女性，常常意识不到这一点，甚至觉得这种事情肯定不会发生在自己身上，所以才会有前面读者会上那位年轻女士的疑问：

"为什么你要在理财中强调性别，你不觉得这是在刻意制造对立吗？"

不，正因为我不想刻意制造对立，才提醒女性朋友：要保持精神独立，首先要保持物质独立，只有这样有些事情才不会甚至不敢发生在你身上。

否则它一旦真的发生，你连一点还手之力都没有，还会那么言之凿凿地认为是别人在制造矛盾吗？

稍微有些生活阅历的人其实都知道，所谓独立并不是要在彼此相处的过程中划分得一清二楚，而是知道自己要的是什么，也知道为了实现这一点自己应该怎么去做。

请注意，"自己要什么"的主语是自己，而永远不会是其他人。

4

正因为如此，我一向对"你不用努力，找个好男人就行了"这种话嗤之以鼻。

我的家人中有因为这样的观念而葬送掉自己一生幸福的，我的朋友中也有因为这种想法把生活过得一团糟的，还有前面讲的那个女同学，至今依然没有找到太好的解决方式，貌似只能继续这么困顿下去。

所以我妹妹当年结婚的时候，我对她就一句叮嘱：一定要有财务主导权。

所谓财务主导权并不意味着你要承担生活的来源，而是即便你是全职主妇，也要拥有属于你的财务主导权。

是的，"我的是我的，你的还是我的"，就是这么自私。即便我是男人，在财务主导权这件事情上，我依然支持女性自私一点。

可能是父母这代人很少跟我们说起钱的缘故，很多女性朋友对财务主导的理解并没有那么深刻，很多人都是进入婚姻关系和家庭生活后，才一点点明白的。

索性就说得再明白一点，抛开家庭日用开销，在每月可支配收入的范围内，女性更应该考虑主动理财，原因很简单：

一、女性常常是一个家庭的枢纽。

上有老、下有小的状态虽然对男人来说也适用，但他们常常拍拍屁股就去外面浪，还美其名曰"去挣钱"，实际上常常把家庭的重担甩给女性。

别问我为什么这么说，我也是个不靠谱的男人。

在这种情况下，女性主动理财才能更方便地掌控家庭财务主导权。等男人反应过来的时候，你的段位早已超过对方了，给他十个胆子也不敢对你怎么样！

二、女性在中国的社会压力更大。

中国的女性不像日本等国家，结婚后就自动回归家庭。她们常常还要兼顾自己的工作和事业，内外压力更大，而理财绝对是"日常减压"的必要方法。

不说别的，最近这段时间各位新入群的女同学们光是看见自己账户上"钱生钱"的快感，就足以开心快乐了，只有你们开心了，才能国泰民安、风调雨顺，不是吗？

三、女性需要构建自我心理保障。

永远别有那种"这种事不会发生在我身上"的幼稚想法，"画虎画皮难画骨，知人知面不知心"，这种话说一万次你可能都不会放在心上，只有发生一次才会记清楚。

可是发生一次那得让人多难受啊，那种代价太惨痛，我宁愿它永远不发生。万一真的要发生，你也一定要知道该怎么去应对，至少不能像我那个女同学那样，因为害怕无法独立生活而只能让自己煎熬着。

5

真正理解上面这些知识点并加以实际操作后，你才会知道女性在理财上多么天赋异禀。

和男性相比，女性更加务实，目标也更加清晰。

我认识很多男性，普遍对基金投资不感冒，要么认为这是骗人的，要么认为它挣得太慢，"要赚就赚大钱"，除非他们自己吃了亏产生怀疑，否则你很难说服他们。

但女性就不同了，她们普遍具有天然的"风险警惕意识"，对风险的嗅觉更加灵敏，你跟她们说"投资最重要的除了赚钱就是安全"，她们一下就能理解"安全"这个核心。

虽然这种风险意识也常会导致女性犯一些错误，但只要弄明白问题的关键，她们的修正能力普遍很强。

和男性相比，女性的风险意识显然更强。

在投资理财具体操作上，男性更激进更冒险，更喜欢刀尖舐血的紧张激烈，说白了就是"赌性更重"，老想一口气吃成个胖子。按部就班的基金定投并不在很多男性的选择范围内，因为非常不随心所欲，他们更爱股票。

而女性则不然，在投资理财的过程中，她们首先考虑到风险，这往往能够帮助她们获得更高的收益。

当然，基金只是适合女性理财的选项之一。无论是从成长空间、变现便捷性，还是获利可能性上看，基金都是所有理财方式中非常重要的一个。

女性要学会给自己找个"生活的备胎"。

还是那句话，女性当然可以把你的未来全部寄托在另外一个人身上，那是你的权利。如果你心里稍微有一些拿不住，不妨给自己找个"备胎"。

在我看来，理财就是女性最好也最稳妥的备胎，从理财开始的财务独立至少能够帮助你在面对生活中某种变故的时候，毫不示弱地一个耳光打回去。

至少不能因为没钱，而只能憋屈地活着。

更关键的是，男人会背叛你，但钱不会啊。

离开北京与降维式生活 ┃

> 很多人认为钱少就是降维，只有真正经历过生活各
> 方面考验的人才会知道，钱只是你需要面对的考验
> 中的一种。
> 和钱少相比，没有新的机会以及更好的基础支撑，
> 才是真正的压力和降维。

　　大半年前的那个初夏，阿东忽然告诉我，他准备全家离开北京，返回家乡生活和工作。

　　他的这个决定让我很惊讶，我和阿东认识差不多十来年了。他是一个 80 后，在一家 IT 公司的技术部门工作，有一个孩子已经 5 岁了。

　　阿东工作的单位和影视行业的动画特效部门有点类似，经常加班，但收入还可以。阿东的太太是一家贸易公司的职员。他们和绝大多数在北京生活的年轻夫妻一样，勤奋认真，一心一意经营着自己的生活。

　　正因为这样，当他告诉我准备离开北京的时候，我才有些意外。

　　我问他为什么，是因为工作压力吗?

他说并不是，他在那家公司发展得还可以，收入也不错，他考虑带着全家回老家主要是因为孩子上学的问题。

尽管在北京已经工作生活了很多年，但是阿东夫妻俩的户口依然在家乡原籍。孩子上幼儿园大班的时候，因为考虑到幼小衔接的问题，两口子折腾了很久，他们觉得实在是不方便，于是动了想离开北京回家乡的念头。

这个念头一旦起来，就像野草一样抑制不住地蔓延生长。

半年后，这事进入了实际执行阶段，初夏，他们全家就已经搬回了老家。

他是最近这两年我身边认识的人中离开北上广的最新例子。

1

当阿东把决定告诉我时，我除了意外，更关心的是他们回去之后的生活和工作怎么办。

他说生活还好，毕竟是家乡城市，自己比较熟悉。而工作肯定需要再找，他觉得那个城市发展得很快，父母在当地也有一些资源和人脉，他计划自己创业。

补充几句，阿东的家乡在南方某省的省会城市，这几年经济发展得很快。阿东说每次回去都觉得家乡有了很大变化，甚至已经开通了地铁。

这种发展速度让之前从来没有想过在家乡生活和工作的阿东两口子觉得很意外，也多了一些回去的信心。

另外阿东觉得返乡后生活的难度也降低了很多，不说别的，孩子以前在北京上私立幼儿园的费用每个月差不多要 4000 多元，而当地一所挺好的幼儿园收费不过 1000 多元，这让有心生二胎的阿东觉得非常合适。

阿东算过一笔账，现在他们在北京，一家三口的吃穿用度加上房租，每个月至少是 15000 元的固定开销，返回家乡以后，顶多 5000 元。

这还不算在北京的工作压力以及生活环境。

因为错过了最好的时机，阿东两口子在北京没有买房，一直租房住，阿东爱人对每隔几年就要搬一次家这件事情特别不喜欢。尽管他们的收入还算稳定，但北京动辄每平方米七八万元的学区房对他们而言也有很大压力。

而阿东家乡的房价现在贵的也不过七八千元，以他们两口子的积蓄完全可以买下一个三居室。

这两年有一个很流行的词叫作"降维式消费"，其实就是"消费降级"。

在阿东看来，在北京打拼这么多年，尽管收入和工作还可以，但是他觉得自己一直在过降维式生活。

因为北京生活成本太高，再加上还要为孩子未来的教育考虑，他们一家过得并不算太宽松，至少比不上那些留在家乡发展的同学。

人家每个月挣个 5000 元就能过得特别滋润，他们两口子在北京总收入都快 3 万了，但似乎跟别人没法比。

2

转眼到了秋天，阿东全家已经回到那个二线城市的几个月后，我们聊过一次。

那时候阿东感觉还不错，他说他们已经在家乡看中了一个小区，准备买下一个三居室。这个小区附近就是当地一所比较有名的公立小学，各方面条件都还不错。

当时阿东的爱人已经找到了一份普通职员的工作，虽然薪水比北京低了差不多一半，但是无论是工作时间、压力，还是工作强度，都比北京小了很多。就连他们的孩子也已经顺利上了当地的一所幼儿园。

那时候阿东既有回到家乡的踏实感，又有生活压力降低之后的舒适和愉悦，让人没想到的是，短短几个月之后一切都发生了变化。

有时候很多问题之所以存在，常常在于你思考它的角度。

那年元旦，差不多就是阿东全家回家半年之后，我在朋友圈里忽然看到阿东回北京了，当时我以为他是来出差的，于是联系他约着吃了个饭。

见了面我才知道，阿东这次回来居然是联系新工作的。这让我非常吃惊：

现在离他们回到家乡不过半年时间，出什么问题了？

阿东犹豫了一会儿才说，他们似乎把返回家乡这件事情想得过于简单了。

首先是工作，他说自己在过去几个月中一直在当地创业，可是最后发现这个过程非常不容易。

"很多事情我在北京跟人交流一两句，别人就能明白，在那里费半天口舌，人家还是似懂非懂。"

另外，他想做的项目，在北京的应用还算广泛，可是在当地似乎市场需求没有那么高，这让他努力工作了几个月却收效甚微。不过想想，北京常住人口是 2300 多万，而当地不过是这个数的零头。

他毕竟在北京打拼了十多年，有一定的积蓄和见识，所以这种状况对他来说压力并没有那么大，真正让他和爱人产生动摇和压力的是孩子的教育。

3

他说当时决定离开北京返回家乡的主要原因是孩子的教育，特别是考虑到未来孩子教育的便利程度和成本问题。

等他把孩子送回家乡幼儿园之后，开始的确感受到了这方面的好处，孩子上学的经济压力小了，当地幼儿园的环境看上去也还不错。

去年秋天，幼儿园举办了一次亲子活动日，邀请家长去学校观摩，阿东两口子却发现了问题。

那个幼儿园硬件条件还不错，生活伙食也还可以，但是有些老师连普通话都说不好，个别年纪大的还操着一口当地方言，结果孩子回去没多久就学到了一口地道的"方言普通话"，让阿东夫妇哭笑不得。

这还不算什么，在北京的时候，孩子上过的那所私立幼儿园虽然贵一些，但是每天都有一个兴趣班，教孩子音乐、美术和英语对话等等，阿东的孩子四岁的时候就能唱英文歌了。

但是在当地的幼儿园，别提英文了，很多大城市已经普遍进行的早教项目也没有。老师们主要就是看着孩子们，让他们别磕着碰着出事儿。如果想给孩子上早教兴趣班，那只能到校外幼教机构。阿东找了很久都没有发现一家满意的机构。

在了解到幼儿园的这种情况之后，阿东觉得有些不放心，他开始了解当地小学基础教育的情况。这一了解，他更不放心了。

举个例子，北京的小学从一年级开始就上英文课，但是在当地到小学四年级才有英语课。

"现在英语多重要啊，刚开始就比别人晚三年，以后怎么赶得上？这还只是基础，还不算口语听力这些差距呢！"

然后就是当地的教育模式。阿东发现当地的义务教育基本还处在题海的传统模式中，他有个同学的孩子才小学一年级，每天晚上要做很久的作业，经常要忙到晚上 11 点才上床睡觉，让孩子苦不堪言。

有些时候家长和老师沟通，老师们还是以前的看法——不这样孩子就会输在起跑线上。

可是真正与孩子起跑线密切相关的其他选项，比如兴趣开发和素质教育，当地似乎又没有。

4

阿东跟爱人详细沟通了一次，发现爱人的担心还不只这些。

爱人说以前在北京工作，大家生活节奏都很快，在这边生活节奏的确慢下来了，但是压力也小了，之后人的技能和感知似乎在慢慢退化。

这种感觉说不上不好，但是总觉得有点奇怪，就是有种 30 岁就能看到人生尽头的感受。

在北京的时候大家不管怎么样，都会习惯性地往前走，不管有多大的困难，都会想办法去解决。但是在这里不同，大家已经习惯了用某种固定的节奏生活，这让阿东的爱人非常不习惯："好像我的人生就只能这样了……"

真正给了他们关键一击的是孩子后来的一次生病。那次孩子生病了之后，他们去了当地的一家医院，结果查了好几次都确定不了孩子的病情。当地医生建议他们去好一点的医院复查。

没办法，两口子带着孩子又来了一趟北京，这才确定孩子感染了一种比较少见的病毒，前前后后治疗了一个多月才康复。

阿东说，要是以前在北京，可能跑一趟医院就知道该怎么处理了，没想到回到家乡后反而失去了这种便利。

阿东忽然发现，在北京尽管压力很大，但是生活质量、教育水平、医疗水平还是比较高的。返回家乡之后，尽管生活压力小了，相应地，人的思维境界、教育水平、医疗水平也降低了。

阿东苦笑着跟我说，以前他是单纯用钱来衡量，认为自己在北京过的是降维式生活，当他返回家乡，有了切身的体会后才发现：

真正的降维是指在思维、教育、医疗等方面的下降，而不仅仅是钱的问题。

以上种种，让阿东开始重新审视自己一家返回家乡的决定，他似乎意识到自己之前的考虑并不那么完善。

5

那次见面时阿东问我的意见，我觉得对于大多数想把日子越过越好的年轻人来讲，其实在哪里生活不重要，关键是这个生活要能够适应自己的需要。

就像阿东夫妻俩，因为长期在北京生活和工作，这个城市尽管有这样那样的不足，但是它的某种长处已经融入他们的生活中，也会进一步影响他们的思维方式。而我们习以为常后常常会忽略这些长处，只看到短处。

同样，当我们站在远处看自己的家乡时，也常常会只看到长处，而忽略掉问题。一旦返回家乡城市，当长处变成习以为常后，那种短处就开始让人耿耿于怀了。

就像孩子的教育。阿东说，当他真正处在家乡环境中时，才发现自己在乎的其实并不是每个月给孩子多花几千块钱，而是孩子能不能得到更好的教育或者医疗支持。

阿东说，他现在才意识到：

以前在北京每个月多花的那些钱，其实更大程度上是在为这种长处和便利买单，如果不能在更好的环境中生活，而在传统守旧和刻板的思维方式中进行自我复制，这似乎是一种更大的自我消耗。

阿东说，他后来才想明白，一旦在北京、上海、广州、深圳这种一线城市体验过不一样的生活方式之后，再回到家乡那样的环境中，其实是很难适应的，这可能就是另外一种"由俭入奢易，由奢入俭难"吧。

那天见面后，他问了我一句话："刀哥，你说我算不算走了一段弯路？"

我想了想说，其实不是，中国发展这么快，国家又这么大，人也这么多，难免会有各种各样意想不到的情况。

只是有时候我们考虑问题常常只是从单点出发，就像降维这件事情。

很多人认为钱少就是降维，只有真正经历过生活各方面考验的人才会知道，钱只是你需要面对的考验中的一种。

和钱少相比，没有新的机会以及更好的基础支撑，才是真正的压力和降维。

那次见面之后，阿东又回到了家乡。他已经决定春节后先返回北京工作，办理工作居住证，然后再接孩子回北京来读书。

他说，他爱人也已经同意了他的这个想法，他们计划在返回家乡一年之后重返北京。

第四章

别总想着在钱上
占生活的便宜

你家有亲戚参与传销吗？ 我家有 ▎

> 这个世界当然也有一夜间改变命运的幸运儿，也
> 有含着金汤匙出生的大人物，但 95% 依然是需要
> 面对生活波折的普通人。

某个曾经全国闻名的集团涉嫌传销彻底覆灭的消息传开后，看得人心情非常复杂，一方面是因为那些根本经不起推敲、近乎反智的产品宣传竟然依旧在现在的中国大行其道，另外一方面则感慨：为什么依然有那么多人坚信不疑地参与其中？

然而跟周围小伙伴聊起这事时，他们似乎见怪不怪，因为大家随口都能说出身边朋友甚至是家里的亲人参与传销的经历。

"刀哥，你家这么多读书人，应该不至于吧？"

在没有遇见之前，我也以为不可能发生，可真正发生的时候，我也只有瞠目结舌的分儿。

他们不仅自己越来越深陷其中，还不顾一切地希望把别人拉进去。你觉得他们疯了，他们却觉得你傻——"这是改变你命运的机会，居然还会放弃"。

你家里有做传销的人吗？你周围人有做传销的经历吗？反正我家有。

1

先简单交代一下我家这边的情况：我家是一个大家族，无论父亲还是母亲，都有很多兄弟姐妹。

我父亲有三个哥哥、两个姐姐、一个妹妹，而母亲则有四个哥哥。两边经过这么多年的发展，到了我这一辈又有了更多的兄弟姐妹。

相比之下，母亲的家族更重视教育，读书人也更多，出的稀奇古怪的事情就比较少。而父亲那边则不同，虽然经过改革开放40年的洗礼，但在观念和行事作风上，有些亲戚经常会出人意料。如果要准确描述的话，那就是总有些亲戚希望能多赚钱、赚快钱，觉得没有钱就没有安全感。

这种差别也直接体现在了两个家族对子女教育的不同态度上。父亲是他那一辈人中唯一一个读书出来的，其他人对他当年死活要读书都不以为然。

而母亲这边则不同，无论条件怎样，环境如何变化，要求子女读书接受良好的教育是整个家族的共识。

在几十年前的特殊时期，这两种方式之间的差别其实并不大，就像我父母的结合，当年也是跨过了所谓成分和社会认知的不同才达成的。

随着时间不断推移，当社会越来越开放，这两种思维之间的差异就越来越大。

大概在我上中学的时候，父亲这边我同辈的年轻人几乎都放弃了学业，选择去广东打工，其中就包括我的一位堂兄。

我印象中的堂兄当年文质彬彬，在学校里的时候成绩还挺好的。我父亲一直希望他以后也能读高中、上大学，但后来他还是决定不读书了，去打工。

最开始他在南方的一家工厂工作。当时的经济发展很快，南方对务工人员需求很大，虽然很辛苦，但只要你能吃得了苦基本都能挣到钱。

每当提起他，父亲就会觉得很可惜，"这孩子是读书的料，人那么聪明，脑子又活络"。

当年通信不便，我也只是偶尔从父母的交流中知道堂兄的情况：他先后换了好几家工厂，做了好些年，挣了一些钱，早早地娶妻生子；每年春节前都是大包小包的，从南方回到家乡，春节一过又大包小包的返回南方打工。

其实现在想起来，如果堂兄能够选择继续读下去，对家人其实也并没有什么，更不会带来后来那样的伤害和动荡。

2

我毕业留京的第二年，忽然接到家里一个长辈的电话，告诉我堂兄失踪了，问我能不能想办法找一下他。

确切地说，是"失联"了，谁也联系不上他。

那时，我还在传统媒体做记者，这个工作在很多人心目当中意味着消息灵通，渠道广泛。其实我也没有什么别的办法，仔细问了一下堂哥的情况，才知道他大概半年前放弃了南方的工作，来到了北方，开始说是在天津的一家工厂上班，但自从来了北方之后就很少跟家人联系。

以前每个月他都会把工资给家里寄过去，因为家里还有孩子要读书。但是自从他来了北方之后，就再也不寄钱了，不但如此，他还隔三岔五地让家人给他寄钱。

开始堂嫂不怀疑他，真给他寄过几次。一千、两千，后来堂兄胃口越来越大，一要就是几万。

堂嫂哪里有那么多钱，就问他究竟在干什么，他也不说。堂嫂说要到北方来找，他坚决拒绝，说他工作很忙，不能来打扰；堂嫂再联系他，他就彻底不接电话了。家人找了很久都没有找到他，甚至报过警，但也无济于事。

我问他最后通信的地址，堂嫂说是在天津的某个地方，但具体地点也不知道。这事儿对我来说也是一筹莫展，因为有效信息实在太少。就算我去了天津，人海茫茫，又应该去哪里找？

那时候我还很年轻，自己在北京都还没有立足，哪里有能力在茫茫人海中去找一个消失的人？

但我依然去了一趟公安局求助。公安局的警察同志倒没说什么，做了一个登记，在登记堂兄在天津的那个大致地址时，民警一愣，看了我一眼说："你知道这里是干什么的吗？"

我说不知道，他说那里传销公司扎堆。

我心里"咯噔"一下，回想起堂嫂她们说的堂兄的变化，隐隐约约觉得他的失联可能跟传销有关。

　　过了大概一年多，堂兄忽然重新出现了，他对家人费尽心思找他不以为然，还怪他们多事。

　　返回家里的堂兄也没有挣到什么钱，但堂嫂也没有在意，还跟我说，只要人平安回来了就没问题。

　　这事情我以为也就这样过去了，根本没有想到后面的发展。堂兄那次回家大概是 2003 年，他开始跟家人说，他在天津一直做得非常成功，挣了很多钱。

　　大部分人没说什么，但有些人听着听着还真的就相信了，这其中就包括我的一个堂姐，也就是堂兄的一个亲妹妹。

3

　　堂姐当年刚生完老二没多久，恢复期的时候想重新给自己找点事做，一听自己哥哥说做的事情"那么成功"，很是心动，于是义无反顾地跟着哥哥到了天津。

　　他们到天津之前先来了北京，还跟我联系了，我们一起吃了个饭。那时候堂兄身上已经看不到一点读书人的气息，相反，说的全都是如何发家致富、如何实现财富梦想之类的"大词"。

　　吃饭时堂兄问我一个月在报社挣多少钱，我如实说了，他不以为然地说："你读了那么多年书就挣这点钱？"

　　我说是啊，他就说起他现在下面有多少个团队（后来想想，什么团队，其实也就是下线），每年能挣至少上百万，每年他的产品改变了多少人的人生和命运……"不如你跟我一起干吧，包你以后前途辉煌！"

我说算了，发财那就不是我的命，我还是老老实实地做我的工作吧。

那顿饭一共吃了大概不到 200 元，堂兄说他没钱，是我买的单。最后还管我借了 500 元，说是没带钱包。

此后的几年上演的戏码，跟大家猜到的差不多：

他们在天津一直做传销，有时候是产品，有时候是技术，还有一次据说是什么保健品，百般努力，痴迷于此。

有一段时间堂兄经常给我打电话，希望我去参加他们的什么活动。我要是拒绝他就会问，有没有合适的人可以介绍给他参加。"虽然你不喜欢，但是也许别人喜欢呢？"

这种要求常常让我无可奈何又满心厌烦，后来干脆把堂兄的电话设置成黑名单，这才终于安静下来。

又过了两年，忽然听说堂嫂跟他离婚了，带着孩子回了娘家。

老家民风保守，离婚的人并不多，但我堂嫂还是做了这个选择。她说我堂哥自从沾上传销以后，就变成了另外一个人，从原来的踏实肯干变成了满嘴瞎话，以前还知道养家照顾孩子，到后来坑蒙拐骗，谁的钱都借，都是说要发财，却没有一点回响，还连累孩子成绩一落千丈。

后来堂兄还管我借过两次钱，虽然不多，每次几百块，但也都没还过。

4

堂嫂的决绝并没有从根本上改变堂哥的决定。他觉得脱离了家庭的束缚，自己从此以后可以更加自如地赚钱和改变命运了。

到了后来，堂兄的父亲去世，他居然都没有回家奔丧，依然忙碌在他的"致富"事业中。

在他进入传销的这些年中，国家曾多次对此进行打击。他从事的那些公司也曾经被取缔过，但不知道为什么总是会死灰复燃。前一家被取缔了，他就参加另外一家；这个地方的被取缔了，他就到下一个地方，这么多年一直没有变过。

到最后他被骗了无数次，依然洗脑一样认为自己在改变命运前的黑暗中，而别人都是傻瓜。家人也都跟他断绝了关系，划清了界限，他并没有丝毫改变。

如果说堂兄是执迷不悟，那么当初跟着他选择了这条路的堂姐就更加让人不可理解了。

据说，堂姐在跟着哥哥到了天津的第二周就问堂兄："这是不是就是外面说的传销？传销不是非法的吗？"堂兄告诉她，别管别人说什么，这就是致富，就是改变命运。

堂姐产生了疑问，但是并没有就这个疑问进行深究，反而拿出了百倍的热情跟着堂兄去发展团队，发展更多的人，买更多的产品，意图赚更多的钱。

因为我把堂兄的电话拉黑了，他们都知道我不大好说话，就不怎么跟我联系。但是有一段时间我家的快递忽然多了，都是发给母亲的，全都是各种稀奇古怪的营养品。

开始我还没有太在意，后来无意间听到母亲在接电话，是堂姐请母亲去参加一个什么体验会，我当然不允许母亲去。

母亲最后也没去，只是说看在亲戚的面子上，她挺希望堂姐他们能够迷途知返的，不说别的，堂姐也应该为她的大儿子着想。

说起来堂姐的大儿子也是争气，尽管家里根本没怎么管过他，但是小朋友心里还挺有数的，读到高中之后干脆选择了参军，又因为参军之后训练表现不错，被抽调进了特种部队。

5

堂姐的孩子当时随部队驻扎在北京，承担一些重要地区的安全保卫工作。我们曾经见过一次，穿着军装的他特别精神，虽然不无稚气，但是对未来的生活充满希望。

他说希望两年后能够继续留在部队，因为他特别喜欢部队的氛围。但最后小伙子的梦想被无情击碎。

在他义务兵役快结束、需要确定继续服役人员名单之前，由于部队的特殊性质，都要对人员进行资格审查。这个审查可比参军前的政审严格多了。结果这一查就查出了他妈妈，也就是我堂姐正在做的事情，最后表现优异的他被宣布进了退役名单。

小伙子哭了很久，但没有办法，只能黯然脱下军装回了老家。

儿子的遭遇似乎让堂姐有所触动，她向儿子发誓，再也不做这些事儿了，并且离开天津，回到了家乡。

2014 年底，我父亲病重。因为要连夜在医院照顾他，实在腾不开人手，堂姐听闻之后来到了北京。尽管我对她做了多年传销始终抱有戒心，但是在我父亲病危时她能来帮忙照顾，依然让我心存感激。

父亲身体稍微康复之后，堂姐向我表达了想在北京找一份工作的愿望。正好母亲有一个朋友想找一个保姆，见了堂姐之后很满意，就同意了。

谁也没想到的是几个月以后，那个朋友忽然问我母亲，堂姐去哪里了。我们这才知道，她早就不告而别，不仅如此，她还借了别人不少钱。

母亲觉得难过又尴尬，连忙帮堂姐把钱还上。

我这才知道，堂姐也曾经向我母亲借钱，大概两万元。母亲没有跟我说，只是想到堂姐照顾父亲的面子上，偷偷地借给了她……但以后，当然也没有以后了。

那次事情对母亲的打击很大，她说，为什么有些人放着好日子不过非要走不归路呢？

6

2016 年，我父亲去世，我们在成都灵堂前守孝。守到半夜的时候，忽然有个人进来了，一看居然是已经消失了很久的堂兄。他风尘仆仆，穿得特别破旧。

他在灵前守了我父亲大半夜，我们没说什么话，最后我无意中瞟了一眼他的手机，他还在朋友圈里发致富改变命运以及招募人手的信息。

有的人的命运真的是无法改变。

我跟堂兄堂姐因为没有太多的交往，关系还能轻易斩断，有些人却是父母或者子女进入传销组织，这种关系要斩断谈何容易？

这里不得不说一个问题，为什么依然有那么多人多次被骗依然执迷不悟？

有些人说因为竞争太激烈，没有给底层的人向上爬升的空间……这几十年的快速发展，有多少人因此改变命运，为什么别人可以，他们却不行？

这个世界虽然压力、竞争比以前激烈，但是只要你踏实地工作，依然有向上提升的可能。

我身边就有很多这样的例子，他们最开始的时候真的一文不名，甚至比周围的人差很多，经过脚踏实地、一点点地打拼，现在即使在北上广深，依然能够过得很好。

还有一些堂兄堂姐的同龄人，开始条件都不怎么好，但是兢兢业业工作，现在家里盖起了小楼，买了汽车，日子过得很红火。反而是念叨了二十年发财梦的他们二人，近乎一无所有。

说到底那些都是一夜暴富的梦，实际上过了这么些年，他们已经花了那么多时间和精力，甚至投入了很多金钱，最后却什么都没有得到。为什么就不能踏踏实实地往前走呢？

这个世界当然也有一夜间改变命运的幸运儿，也有含着金汤匙出生的大人物，但95%依然是需要面对生活波折的普通人。

不甘心做普通人也可以，在正道上付出大多数人做不到的努力，也都能成功，问题是在错误的道路上付出的……那真不叫努力。

我堂兄本来好好的家庭，现在全没了，孩子也不认他，家人的关系也分崩离析；而堂姐直接影响了孩子的命运，堂姐的儿子现在已经结婚了，但是对自己母亲说的话一句也不信，防母亲跟防贼一样……

可这些似乎都没有能彻底改变他们，就像我堂兄，前几天还给我发微信，让我帮他转一条文章在朋友圈，说能够获得多少的收益……唉，有的人命运是自己选择的，别人真的没有任何办法。

只希望看了这篇文章的小伙伴们，一定要记住一点：

生活的确是有机会的，但是一定建立在你付出了辛勤努力的基础上，而不是做梦做出来的。

远离传销，也远离做传销的人。

大病致富
——关于募捐

> 有些事情是我们要面对的责任，是生活给予我们的考验，这些是我们自己的事情，跟他人无关。别人最多可以给你同情，或者说是适时的帮助，但绝对不意味着你的这份痛苦、辛劳或者压力可以转嫁给任何第三方。

演员因为脑出血上网募捐百万，结果引发了外界的巨大争议。

争议的事实不在于他是否生病，而在于他们家被证实在北京有两套房，有一辆车；另外在他发病后三天，他老婆还在网上买了两部刚刚推出的新款手机，价格至少 11 000 元。

公众开始质疑这件事情之后，他家人的反应特别敏捷而迅速：

捐款是自愿的，房子没有房本卖不了，车子因为要送病人看病也卖不了，至于手机为什么不退了换钱，根本不搭理。

但是在募捐百万的用途中，却有为病人在医院就近租房的房租，还有请护工照料病人的费用。

至于保险负担多少，个人负担多少，这些关键性信息也避而不谈。

看到这些，真的让人忍不住想，这哪里是治病，说得刻薄一点，这分明就是借生病实现百万富翁计划嘛！

可这样做真的好吗？

1

因为质疑声太大，这场捐款在进行到 14 万的时候，被家属关闭，该演员所在团队也做了公开回应，称这是个人行为，而他们"不了解保险政策"。

熟悉公关辞令的人都知道，"个人行为"的言下之意就是：这事做得有问题，但这个问题跟公司无关。

且不说他们关于这事的解释是否行得通，至少病后三天还花一万多元买了两部最新款手机这件事，一点都不像缺钱的人做的事。

但这种募捐最近几年一点也不少见，这并不是最近这些年里第一个因为生病向公众募捐从而引发巨大争议的，我想也不会是最后一个。

比如家里有几家店铺，结果以治病为借口向公众募捐被揭穿的；

还比如网红开店月收入 80 万，结果生了病也向公众募捐；

2016 年，某人因为女儿得了白血病向公众募捐，结果查出他在深圳有三套房。对此他振振有词地解释，说一套房要住，一套房留给儿子，一套房留给前妻，总之都是不能卖的。

我说过，很多众筹网站上的大病募捐，都需要慎重地对待。

但凡对中国这些年普通居民大病医保、农村医保和商业保险建设有所了解的人就应该知道，国家在这些事情上投入了多少、构建了多少保障……很多人明明有医保却加以隐瞒，还有的人则隐瞒自家财产信息甚至夸大病情，目的只有一个，利用别人的善意和同情心进行骗捐。

这种做法的结果只有一个：把那些真正需要帮助的人的路子堵死了。

而要脸和不要脸的募捐，无论从哪方面看都是不一样的。

说一下我这些年接触的实例吧。

2

要脸的募捐基本都具备以下几个特点：

1. 都已经走到山穷水尽；

2. 都已经做到无力可尽；

3. 即便如此，向外募捐时依然思忖再三。

一旦走出这一步，接受外界监督就已经成了主动的选择，即便这样做等于公开所有隐私。

走入社会这 20 年中，我经历过很多次身边人因为疾病不得不向外求助的例子，最近的一次是我在公司工作时的合作伙伴 L。

那次我很偶然地在朋友圈里看到以前公司同事转发的求助内容，当时觉得很惊讶，因为求助人 L 曾经和我共事一年多，而我竟然丝毫不知道他遇上了这么大的困难。

L很年轻，大概三十出头，已婚，有一个儿子。我们因为参与筹备一个项目认识，搭档合作了一段时间。

印象中他工作非常认真，也很能吃苦。当时公司的工作一直就不轻松，经常需要加班加点，通宵熬夜也是常有的事，有些时候一出差就是一个月，很多人都受不了，但L一点怨言也没有。

有一次因为活动舞台搭建遇上大风，吹倒了工地上搭建的脚手架。L知道以后，又专门去盯了一天一夜，终于让搭建恢复进度，没有影响后面的活动日程。

L当时在公司的收入大概在每月税前1万元左右，他和老婆孩子、岳父岳母一家人租住在北京的一处小户型小区里，没有车，每天坐地铁上下班。他父母很早就去世了。

除了上面这些信息外，他从来没有说过家里的其他事，等我知道他遇到的困境时，已经是我辞职离开一年多以后。

3

那封求助信上讲，L有一个四岁的儿子，一出生就发现了先天性心脏病，因为那时候手术条件不够成熟，所以一直进行保守治疗。

随着孩子逐渐长大，心脏负担越来越重，身体情况也越来越危险，所以必须进行手术。就在孩子准备心脏病手术之前的例行检查中，又发现了一种少见的遗传性疾病，医生说必须先把遗传性疾病治好才能进行手术。

结果他们为孩子先天性心脏病手术准备的钱，差不多一半花在了给孩子治疗遗传性疾病上。

又过了大半年，好不容易孩子终于可以手术了，L 的岳母因为照顾孩子太过辛苦，摔了一跤，摔成了骨折，被送去了医院。他当时出差在外，二话没说就让媳妇把剩下的钱取出来一部分，为岳母做了骨折手术。

他岳母被送上医院手术台的时候，还一再地央求医生，说自己没关系，老胳膊老腿了，不用做手术，这个钱是要留给外孙治病的。

但他还是坚持让老人把手术做了，他自己父母都不在了，他岳母帮他带了几年孩子，如果不是岳母照料得当，好几次孩子病情危急时早就没了小命。

结果等他岳母终于伤愈出院的时候，原来准备给孩子治病的钱已经所剩无几了。

他和爱人两口子收入一个月大概能有 15000 元，这个收入超过了北京的低保，也得不到其他任何帮助。而为了挣钱给孩子治病，他和爱人都没办法中断工作。

因为孩子查出有先天性心脏病，除了国家提供的社保及基础医疗救助外，他根本就没办法给孩子上商业保险。

即便是这样，他也一直没有公开这件事情或者向外界求助，连我跟他工作了那么长时间，也从来不知道他家里发生了这么多的事情。

后来还是另外一位同事无意中知道了，把这件事情在公司内部群里说了，大家才知道这种情况，帮他做了这次募捐。

4

当同事第一次跟他建议对外募捐的时候，L坚决拒绝了。

他说他总觉得孩子是他自己的，没有理由让周围的朋友、同事分担他的压力和问题。他总觉得孩子的情况还能再拖拖，拖到他筹出下一次手术的钱。

另外L也有顾虑，他说自己和妻子都有工作，收入在很多人眼里都还不错，如果自己这样的情况去募捐，外面的人会怎么看他？

因为拗不过L，所以这一则募捐启事当时并没有发出。

没想到的是，才过了两个月，孩子又发了一次病，这次特别凶险，抢救了很久才把孩子抢救回来。

医生给他下了最后通牒：孩子如果再不手术，基本没救，最多再活几个月时间。

同事们又去看他，他这次终于答应了向外募捐。

我看完所有求助内容后，连忙微信发过去跟他确认："这是你吗？"

他特别不好意思地跟我说："实在对不起，这是我。"

我二话没说给他转了一笔钱，他打电话过来的时候说："刀哥，我怕还不起。"

我说不用还，先给孩子看病要紧。

他几乎带着哭腔说："你也不容易，还有孩子，又有老人，这笔钱太多了，真的怕以后还不起。"

……

就算我经常写文章，也还是不太敢描述我当时听到这句话的感受，心里特别难过，一是我自己的能力不够，无法帮他太多；二是在面对这样的情况下，他想的还是如何不打扰别人。

那次同事组织的募捐并没有发到微博，就是在朋友圈里进行的，这并不是一次严格意义上的对外募捐，看到的人至少可以通过熟人关系对此加以验证。

募捐持续了一个星期左右，终于把孩子的手术费基本解决了。

半个多月后孩子就进行了手术，康复得很好。

过了一段时间我问他：孩子现在怎样了？L告诉我恢复得不错，已经正常上幼儿园了。

5

L一直在那家公司工作，即使在这过去的几年中有不止一个公司通过猎头向他伸出橄榄枝，给他提供更高的待遇和职位，但他还是没有走。

猎头都觉得很奇怪，不止一次建议他另寻更好的去处，都被他婉言拒绝了。

我知道这是因为什么。

在过去的这些年中，已经不是一次遇见这样的事了，尤其是对普通人而言，生病常常会让很多人难以接受，不仅是心灵上的折磨，同时也是经济上的巨大压力。

即便面临同样的情况，人灵魂深处的高低贵贱，也会明明白白、清清楚楚地会呈现在你的面前。

我质疑文章开头的募捐这件事情，是因为我的父亲当年几乎面临同样的情况：脑出血、抢救、手术、ICU（重症监护病房）……

父亲在那次手术前后花了大概不到 10 万，如果算上 ICU 的钱，在 20 万上下。医保解决了一部分，剩下的都是我们自己承担的。

所以我对脑出血的治疗费用其实还比较清楚，当看到募捐居然需要 100 万的时候，莫名惊诧。

后来父亲复发过一次，正在我工作最紧张繁忙的时候。

差不多同一时间，孩子又发现眼睛有问题，做了一次手术。当时父亲住在北京东面的一家医院，孩子在南面的一家医院，我常常是两头跑，同时还要兼顾工作。

说不累真的是假的，有好几次累得走路都想一头倒在路边睡着。

金钱上有没有压力？当然有，老年人的疾病是很容易复发的，我记得有一年父亲脑出血复发，我在那一年的总结里说：

父亲生了一场病，今年基本白干，明年从头再来。

现在想起来，如果那时候脸皮厚一点，真的就可以拿着这件事情呼吁大家为我募捐了。

但真的做不出来。

有些事情是我们要承担的责任，是生活给予我们的考验，这些是我们自己的事情，跟他人无关。别人最多可以给你同情，或者说是适时的帮助，但绝对不意味着你的这份痛苦、辛劳或者压力可以转嫁给任何第三方。

6

即便到了撑不下去、必须向外界求助的时候，如果是一个要脸的人，也应该至少做以下三方面的准备：

1. 公布自己的收入、积蓄以及家庭财产；

2. 公布募捐的目标、用途和使用渠道；

3. 接受任何形式的质疑和监督。

这是要脸的募捐方式。

那不要脸的募捐方式呢？请在刚才说的那三条前面全部都加一个"不"字。

还是那句话，做不到这三点，尤其是做不到最后一点的，毫无疑问几乎可以认定为骗捐。

你再回头去看那些问题募捐，就会发现它满足了后面一种募捐的所有特点，特别是第三个。

虽然当下的法律对这种行为并没有严格意义上的惩处或者防备机制，但这也绝对不意味着你就可以肆无忌惮。

以前不要脸的事情虽然有，但是没有那么多，而现在简直如百花齐放，因为在很多人眼里，脸面这件事情真的不如钱更加贴心温暖。如果想要脸，就难免会要强，而要强是一件多么辛苦的事。

我们今天所做的大部分关于金钱上的努力以及财富上的准备，都是为了让自己和家人过上想要的生活，其中包括万一生病可以不用束手无策。我们都不是一个人在战斗，所以必须保证亲人包括爱人、孩子的安全。

当然你也可以选择不要脸，但你不能强迫别人必须接受你这种不要脸，而且还要为你鼓掌。这是你自己的个人选择，而不是别人的选择。

　　如果你迈出了那一步，面对意想不到的指责，甚至引发惊涛骇浪时，也请你一定要坚强一点。

　　因为那是不要脸的代价。

当那个踏实努力赚钱的
前同事突然消失了

> 就算人生遇上一些困难，也不要铤而走险，虽然
> 可能躲得了一时，但肯定躲不了一辈子吧？

那几天因为有事情找前同事 G，打电话关机，发微信不回，怎么都联系不上她。我们已经认识好几年了，这种情况从来没有出现过。

回过头想想，发现我两个多月前联系她时她就已经没有了回音，这顿时让我觉得有些奇怪。

再看她的朋友圈，最新一条居然是一年前的 11 月发的。也就是说，她的朋友圈已经差不多有十个月没有更新了。

我也认识 G 的先生，于是又给她先生发了微信，可她先生也一直没有回复我。

这真是很少见的事，平常我们联系得虽然不多，但只要看见信息都会第一时间回复，难道他们出了什么事？

我当然不愿意相信这种猜测，因为 G 在我心目中是一个做事很稳妥的人。

1

我和 G 认识是在那家体育公司上班的时候，当时她在设计部工作，我在负责对外宣传，因为工作的原因经常碰面，一来二去就熟悉了。

做过设计工作的人都知道，这个岗位通常需要承担非常繁重的工作任务，尤其是有活动的时候，总是加班，而且一加班经常要加到凌晨。

G 是一个女生，但从来没听过她叫苦叫累，她也从来没有因为自己是女生而降低过自我要求。

尽管设计是一个见仁见智的活儿，但是从我的角度看，她做得真是很好。

那段时间我们承担了很多项目，任务很重，时间也很紧。她都是任劳任怨，给我留下了很深的印象，到了后来我们可以有自主项目的时候，我就经常直接交给她。

像我这种经历过一些事情的人，要建立对别人的信任感其实并不太容易，都是在一件接一件的事情中慢慢累积起来的。

我们共事了一年多，一起经历了很多现在想起来都特别让人崩溃的项目，但是都扛下来了。

后来我们的关系更近了一步，因为有一天 G 忽然问我是不是在报社工作过。我说是。G 说，她有一个堂姐也在那家报社，她说了堂姐的名字，我恰好认识，关系还不错。

你看，世界就是这么大，但世界也就是这么小。

因为这个原因，我跟 G 的关系更好了，哪怕在我离开了那家公司之后，我们也依然保持着工作和生活中的交往。偶尔我这边有可以外包的活，我都是直接交给 G，她也都完成得很好。

后来我一个朋友的新公司在招人，我在朋友圈转发了招聘启事，忽然接到了 G 的电话，她说："您能不能考虑一下我先生？"

我就问她先生以前是做什么的。她顿时支吾了一下，说她先生已经很久没有上班了。

我觉得有些奇怪，又问了一下她先生的学历和工作经验，学历还可以，但为什么很久没有上班？

G 跟我说，她先生总是对工作不太满意，可能也是一直觉得没有找到太合适的，不知道我能不能给她先生推荐这个机会。

2

后来我就约着她先生见了一面，她先生三十出头的年纪，看上去还挺诚恳的。我有些奇怪地问他："你为什么待着好几年没去上班？"

他说之前总是不确定自己想要什么，随便找个工作又觉得不甘心，这么一来二去地就给耽误了。

我说工作最好还是要踏实地往前走，一步步来，不要想一口吃成个胖子。他说是的，他也想安定下来。

后来就安排他去朋友公司面试，朋友也觉得他还不错，通过了面试之后很快就开始上班了，薪酬什么的都还可以，事情就这么稳定下来。

再往后我们就是逢年过节彼此祝福一下，感觉解决了先生的工作问题之后，G两口子生活就应该比较踏实了。

又过了几个月，G告诉我她怀孕了。她说以前只有她一个人工作挣钱的时候，总有种不安定的感觉，根本不敢想要孩子的事，现在终于好了。

再后来G生了一个特别可爱的儿子，时不时在朋友圈里发照片啥的。当时感觉G和她先生感情很好，过得也幸福美满，并没有什么让人觉得意外的地方。

他先生在我朋友公司工作期间，有次我问起他的情况怎么样，朋友说别的都还可以，但就是有点喜欢管别人借钱。

我听了有点意外：借钱？

朋友说是，好像他手头不太宽裕，不过借的也不多，一千多块钱，倒都是有借有还的。我听了这才放下心来。

3

后来就是文章开头写的我因为工作的事情想联系G，但是找不着她。这时候我才发现，两个多月前想找G也一直没有联系上，当时我也没往心里去，就这么抛在了脑后。

后来跟她先生联系，结果她先生居然也一直没有回复，这就让我觉得有些奇怪了。

G的朋友圈最新的一条还是一年多以前的，而她的微博也差不多从那时候开始再没更新。

这么长的时间没有露面，也没有任何消息，这完全不符合交往这么些年 G 给我的感觉。

想来想去，我直接给原来单位共同认识的同事打了个电话。

同事一听我找 G，立马警觉地问："你是不是也被借了钱？"

我听得一头雾水，问："什么借钱？"

他说你不知道吗，去年年底 G 借了公司很多人的钱，然后跟公司请了一个长假，说家里有事要处理。因为她在公司工作已经很长时间了，大家也都很信任她，所以都借给了她。

可是从此之后 G 就消失了，请假到期后也没有回公司来上班。大家都很惊讶，以为出了什么事，连忙去找，这才发现根本就联系不上她。

我大吃一惊，几乎不敢相信自己的耳朵："G 管公司很多人借了钱，然后消失了？"

那位同事说："是啊，有些人就只借了几千，损失还不算大，可有些人借了上万，最多的一个是她现在部门的负责人，直接管人家借了将近 10 万块钱。"

我听了之后特别惊讶，这完全不像是我认识的那个 G 做的事啊。

我问同事："那你们去报警了吗？"

同事说："报了，但警察说像这样的情况属于民事经济纠纷，他们也没有办法，让大家去法院起诉。"

4

那位同事告诉我，因为 G 在公司工作时间已经很久了，大家都很信任她，所以当她开口时，大家都毫不犹豫地帮她的忙，想着能帮她解决这个燃眉之急，但谁也没想到会发生这样的事。

后来因为人联系不上，同事之间才开始相互对细节，一对才发现公司很多人都被 G 借过钱，而且数目还不少的样子，一共算起来大概有七八十万的样子。

更让人没想到的是，在报警过程中还了解到 G 不仅管现在这个公司的同事借了钱，还管以前工作的公司同事也借过钱，总数大概也有几十万的样子。

因为 G 之前的口碑和风评很好，大家完全没有把这个事情放在心上，也都借给了她，没想到会出现这种情况。

就这样，G 带着借来的这 100 多万，跑路了。

说实话，如果不是亲耳听到这些事情，我根本不相信。以我这些年跟 G 的相处来看，真的觉得她是一个非常有分寸而且得体的女生，也很爱孩子，对工作也认真负责。

如果她真的是一个心术不正的人，狐狸尾巴早就露出来了，怎么会等到今天？

我想起了她先生，连忙给那朋友打电话。

结果朋友跟我说："啊，你不知道吗？他去年底就已经离职了。"我更意外了，我真不知道他离职的事儿。

我问他工作的情况怎么样。朋友说："还好，但是他一直希望能够提高职务和薪水，可你也知道他的工作状态其实很一般，业绩也没有那么好，所以我一直没有同意。后来他就提了离职……"

我直接问："那他有没有管周围人借钱？"

朋友很惊讶："你怎么知道？"

5

原来 G 的先生在离职前后，也管周围很多同事借了钱，甚至管我这个朋友借了钱，前前后后借了大概有 20 万。但借了之后大家就再也找不到他了，一直到现在。

听到这里，我顿时有些愧疚，毕竟他是我介绍到朋友公司去的。

朋友倒没怪我，只是说后来有员工报警了。警察查了一下说，这个人貌似还在网上借了很多贷款，也一直没还，信用记录一团糟。

尽管他借的人数比较多，但是每一笔都是几千到一万，单体金额并不高，考虑到起诉的时间和经济成本，很多人就没走法院起诉这条路。

这件事情让我听得瞠目结舌，这两口子在搞什么鬼？

我忽然想起了 G 的那个堂姐，也就是我之前在报社的那位女同事，连忙给她打电话。

她一听就叫苦不迭地说："天哪，还有你们这边哪？"

我一听，啥意思？她说："我们现在也找不到这两口子，她们借了家里人很多的钱，大概也有六七十万，这些钱里甚至包括有些亲戚准备给孩子出国留学的费用，然后跑路了，家里已经找了他们快一年了。"

我问也是 G 管他们借的吗？她说对呀，如果是她老公，他们才不借呢。她老公以前长时间不工作，大家都觉得他很不靠谱，所以不搭理他，但这次没想到居然是 G 来借的，家里人觉得于心不忍，所以就借了。

可是借了之后，G 两口子就带着孩子消失了，连她父母都找不着他们。家里的亲戚又着急又生气，后来还有人陆陆续续找上门要债，才知道他们在外面欠了很多钱。

后来他们父母帮着还了一部分，但那么大数目的钱，已经退休的父母哪儿还得了，后来也没办法了。

G 的堂姐说，G 的父母几乎是一夜间白了头发。

我又一次听得惊呆了……

6

算了一下，G 两口子借走同事 100 多万，自己亲人的七八十万，总共约 200 万元，然后带着孩子消失了，把父母扔在家里，面对每天找上门的债主。

这已经不是在借钱，而是诈骗了。

G 的堂姐说，其实以前 G 不是这种人，大家从小一起长大，彼此很了解。但是她先生真的有问题，这么多年没有工作，好不容易找到工作了，却总是希望自己一夜暴富，或者用一份高薪的工作证明自己的能力，可是天上哪有那样掉下来的馅饼。

这时候我才知道，我给他介绍的那个工作差不多是这些年来他做的最长的一个，可也只做了不到两年。

我问："那 G 消失快一年了，也没有跟家人联系吗？"她堂姐说没有，家里也特别着急，但他们俩居然就像人间蒸发一样，彻底消失不见了。

我把这些情况跟其他被借钱的人说了，大家听了都有些震惊，完全没有想到他们居然连自己的父母也不管，拿着钱就跑了，只带走了自己的孩子。

这几天我总觉得这事跟做梦一样。

不管什么原因，我只想告诉大家：

不管是什么人，请一定要找一个靠得住的伴侣。这个人可以不好看，但是人品和三观一定不能走歪。

另外，就算人生遇上一些困难，也不要铤而走险，虽然 G 可能躲得了一时，但我想肯定躲不了一辈子吧？孩子总是要上学的，他们也总是要出来的……也就是别人没有起诉，要真的起诉他们可就没那么逍遥了。

最让人想不通的是 G 的先生，人真的要清楚自己要什么。如果想过更好的生活，那就要付出十倍甚至百倍的努力。不想付出努力又想过好的生活，那就只有招摇撞骗了。

最倒霉的是那些借钱给他们的人，真是农夫与蛇般的刻骨铭心啊。

有人奇怪："G 为啥没管你借？"

还真没有，可是为什么呢？

这个问题真难住我了，我琢磨来琢磨去也没想明白，如果她跟我开口，估计我此刻也会是讨债的一员了。

还有一个教训就是：再也不敢给人瞎介绍工作了。

当你发现同事
在钱上不干净，会怎么办

> 当你的实力越来越强，达到的位置也越来越高的
> 时候，你会发现周围"贱人"的数量和比例会越
> 来越少，跟你差不多的人会越来越多，糟心事也
> 会少很多。

有天我接到一个读者的问题，他说他在一家公司工作，因为工作的关系经常和出纳打交道，两人关系还不错。

有一天，另外一个同事跟他讲这个出纳经常把员工的报销账目搞错，从来都是少发，没见多发过。

他说他开始不相信，结果有一次轮到他自己领报销的时候，本来应该领到 3000 元的报销，结果出纳只给了他 2500 元。他就去问出纳是怎么回事儿，出纳没说什么，5 分钟以后又给他转了 500 元。

没想到的是，从此出纳就不搭理他了。

他问我这件事情他有没有做错，如果是我应该怎样处理。

我忍不住跑到我的微博上去搜了一下，还真找到了我在八年前发的一条微博：

提醒前同事们，以后每月领报销时，一定要核对数量，记清楚发了多少没发多少。无故没发的记得跟某人讨要，这是记者编辑应得的收入，不是给某些部务贪污的银行。以前不知道，但是既然这次贪污到我头上了，那就一笔一笔地核对……您究竟贪了多少钱？

是的，我不仅遇上过跟他一样的事情，而且因为这事件爆发了一场唇舌之战。

1

我的第一份工作是在北京一家报社。

如果对新闻媒体的工作稍微有些了解的话，就会知道这份工作的收入通常由两部分组成，一部分是正常的工资和社保等，这部分是固定的；另外一部分则来自稿费或者编辑费，这部分是浮动的，相当于绩效工资，多劳多得。

此外，因为记者经常需要出差，平常的差旅费都是先自行垫支，回来后按照单位的统一规定和标准进行报销，超标自负。

我那时候经常出差，有时候一周就要跑国内好几个地方，所以经常垫支机票和酒店费用，每次出差完了之后整理好票据，再拿回报社报销，费用基本都在几千块钱。单位都会核算好之后报销和清账。

因为这些事情很琐碎，并且出差的人比较多，工作量也比较大，所以那时候编辑部为每个部门安排了一位部务。

所谓部务，有点像部门的大管家，平常负责所有人的发票账目，整理后上交财务，财务审核之后再负责报销金额的发放。

在报社工作那 11 年，我经历了不止一位部务，他们绝大部分工作都非常勤恳，没有出过问题。

但在那一年我们换了一位四十出头的女部务之后，各种神奇的事情就开始发生了。

有一次一个同事私下问我："你有没有觉得报销账目不对？"

我听了还很纳闷，那时候我还很年轻，对于有些不在兴趣范围内的事情关注得很少，像这个同事说的这件事情，我之前就从来没有考虑过。

可能也是因为潜意识里觉得这种事不可能发生在那样一个文化人扎堆的地方。

让我没想到的是，在我离开那家单位前后，这事以一种特别戏剧化的方式出现了。

2

2010 年底，我跳槽到新公司上班。按照事业单位离职人员的规定，我必须要进行离岗前的财务清账。

记得当时原单位财务给了我一份长长的收支明细，包括工资和报销以及财务借款，让我对账后确认。

因为账目太多，我就拿回家自己核对。开始我没太当回事儿，核对了最近半年统一发放的工资部分，没有问题，但出差报销部分总是对不上。要说差的数目倒也不多，但每过两三月就会差那么几百块钱。

当时我对有些事不太上心，但也绝对不是一个对钱没有概念的傻子。这种每隔几个月就发生一次的情况让我产生了怀疑，于是我就花了几天工夫，把过去几年的报销款项一笔一笔对账，还没有对完就发现了7000多元的数目差异，而那些年我垫付的差旅费用总共有上万元并没有回到我手里。

这就让人觉得很奇怪了。

于是我就跑去问那个负责发放报销的部务。这个部务当时40岁出头，跟报社某大领导关系非常好，连这个大领导家的孩子上下学都是她在接送。

我问她的时候，她像受到了什么侮辱一样："怎么可能呢，我每次都是准确发放的，从来没有出现过任何问题。"

她越是这么说，我就越怀疑，然后就想起了之前那个同事跟我说过的报销账目对不上的事情。

3

我又去找那个同事核实，他说："你才知道啊，我上次跟你说你还不信。这女的账目长期有问题，而且谁去找，她都仗着跟领导关系好，打死不承认。"

这个部务在当时负责四五个部门近百位编辑记者的报销，后来我才知道，发现账目不对的远不止一个同事，像我这样后知后觉的，真的只是少数。

再去找那个部务，她的态度就变了，说话很难听，还说我"没事找事"。

我这人偏偏又是一个奇葩，你要跟我好好说话，我也没什么脾气，你要跟我横，那我也会马上变得挺厉害的。

我扭头就去找了女部务的主管领导，该领导一听，一脸诧异的表情，说："不可能吧。"我说是真的，然后就把账目给他看。

领导说："那行，我知道了，我跟她说说，如果有问题就让她把钱赶紧退给你。"

结果这一等两个星期都没见动静，我想反正这钱也跑不了，就先跟财务把别的账目清了，办好离职手续，就到新公司上班了。

可我到了新公司上班三个月之后，这事儿居然还没有消息。

我觉得特别纳闷，就问原来单位的同事，他们一听都笑了，说："你难道不知道这个部务就是这个主管领导介绍给那个大领导的吗？而且要是上面没有睁一只眼闭一只眼，一个小小的部务胆子会这么大？这么多人的钱敢一个人吞？"

这才真是一语惊醒梦中人。

这时候我再联系那个部务，人家已经彻底不搭理我了，可能是觉得我已经离开了单位，拿她没有办法了吧。

4

她真是太小看我过去十多年跟社会上各种奇葩采访对象斗智斗勇积累下来的经验和能量了，我扭头就在微博上发了那个帖子。

当时我的关注者其实很少，大概只有 400 人，不过绝大多数是原来报社的同事或者新闻界的同行，所以这个帖子一发出来，很快就引起了关注。

很快就有不少报社同行在下面留言或者转发，说他们也遇到了同样的事儿，同样也去找过那个部务，她同样也是敷衍塞责，就是不承认，脸皮厚得不行。

那时候，微博还是明星的内容居多，像我这样关注度不高的账号其实掀不起什么风浪，所以人家开始并没有把我当回事儿。没想到后来围观的同事和同行越来越多，这事儿终于从网上传到了现实中。

先是一个同事跑去找她："我上个月的报销好像又少了 400……"她听了一反常态地没说什么，很快就把这 400 元转给了这个同事。

后来就有人跟她说，曾鹏宇在网上曝光了你。

这个部务其实也不玩微博，但知道这事后吓坏了，主动给我打来电话，说想跟我聊一下报销的事。

我说没什么好聊的，你就告诉我你的账目有没有问题吧。

她避而不答，反而说："你就告诉我应该补你多少钱呗？"

我听了忍不住冷笑："合着您现在也不知道少发了多少钱是吗？这些钱并不是你的，而是我们为报社垫付的钱，你这跟盗窃和贪污没什么区别！"

我这么一说，她有些挂不住了，那次沟通不欢而散。

后来这事不知怎么传到那位主管领导耳朵里去了，很快那部务又跟我联系，这次直接说要退我钱。

她把过去三年当中对不上的 7000 多元，当天就全部退给我了。

但这事儿还没完，把我的脾气惹起来了，我可没那么容易善罢甘休。

5

她把 7000 元退给我后，就让我把那条微博删了。

我说凭什么，这事并没有结束。她很吃惊，说："我不都已经把钱给你了吗？"

我说："那是在我离职之前三年对不上的钱，而你一共做了我们五年的部务，那头两年的账目是不是也应该查一下？这钱我就懒得对了，你自己去查一下，退给我。"

她听了之后尴尬极了。

这话其实一点也没错。之前离职的时候，单位财务也跟我对了一下过去三年的账，更久远的账并没有对，我怎么知道她在那两年期间就一定是清白的？

再说了，前两年清白，后三年贪污，有这么巧的事吗？

第二天，她不声不响地又转来了一笔账，大概 6000 多元。也就是说，在她担任我们部务五年的时间内，光从我一个人身上，就拿走了 13000 多元的报销款，而她当时负责上百位编辑记者的报销发放。

我的钱拿回来了，但我还得想着广大人民群众啊。

我非但没删那条微博，还给好些同事吆喝了一声，号召大家都去找她查账，结果很多人都收到了她转来的退款。

据说，她都要气死了。

有些人说，托我的福，他们才能拿回这笔钱。幸亏我已经离职了，如果我还在那里工作，是不是就没有办法拿回这笔钱了？

我想了一下，的确有这个可能。

那个单位是文化人扎堆的地方，大家多好脸面，很多人早就发现了账目不对，但是并没有撕破脸，才导致这个事情愈演愈烈。

但是她完全不了解我，在我心目中，只要这是我的钱，你就不能这么贪走，至于什么好男不跟女斗、吃亏是福这种话，我从来都不信。

6

这件事情解决了之后的某天晚上，我忽然收到那个主管领导发来的手机短信，阴阳怪气地说我走了还要兴风作浪。

我毫不客气地掉了回去："这事谁在兴风作浪，你心里清楚。这些被贪的钱，你敢说你不知道？再给我废话一句，我会让你好看！"

那边顿时变得安静如鸡，而我顿时觉得神清气爽。我在报社工作的那几年，这个主管领导各种"吃拿卡要"①，终于碰上了我这个刺头。

有趣的事还不止这一件。

还有些前同事非常有趣：

他们明明是靠着我撕破脸顺道讨回了本来属于他们自己的钱，后来

---

① 吃拿卡要：指利用职务之便谋取私利的系列行为，包括吃回扣、拿好处、故意刁难、伸手要等。——编者注

却在背地里风言风语，说我太不宽容、太刻薄、手段太激烈、太不给人留余地等等。

听得我好想笑。

我从小受到的教育是读书人要温良恭俭让，我也一度以此为行为准则，但是后来我发现：

这个世界在教育你温良恭俭让的时候，却常常没有告诉你当有人蹬鼻子上脸时应该怎么办。

也是从那件事情之后，我就开始奉行刺猬原则：你敬我一尺，我敬你一丈；你要没事招惹我，我就扎死你。

这套行为准则在随后的这些年中帮助我克服了一个又一个困难，收拾了一个又一个"贱人"，久而久之，我在这些人眼里就变成了一个神奇的存在。他们的确很喜欢欺负人，但是他们会本能地觉得我不太好惹，然后绕开我。

7

所以回到这个提问的小伙伴身上，他做的一点也没错，那些钱本来就是他的，错的是那个出纳。

如果真的要说什么，那我认为他应该进一步提升自己，尽量地往上走，走到让这些人不敢在你身上占便宜，也不敢在你面前造次的位置，或者干脆让他们连你的脚后跟都看不见。

当你的实力越来越强，达到的位置也越来越高的时候，你会发现周围"贱人"的数量和比例会越来越少，跟你差不多的人会越来越多，糟心事也会少很多。

我自己就是这么做的。

在随后的这些年，我再也没有进入过像第一家单位那样稳定而优渥的单位，尽管它给我打了很好的基础，但是当我一步步地前进，不断向上爬坡的时候，我发现它早就不适合我了。

这时候，我身边的绝大多数人反而更加有礼有节，相处非常舒服。

所以当我们遇上这样的事时，做应该做的事、挽回我们的损失是没有任何问题的。

从长远的角度看，我们更应该做的是不断提升自己，走到更高更远的地方，让那些人彻底离开我们的世界。

当然，我们也可能会遇上更高级的"贱人"，不过没关系，那时候我们的功力也已经渐长，继续收拾他们就行了。

就像那个部务，她后来被调离了工作岗位，再没机会贪钱了；而那个包庇她的主管领导，现在也已经从那个报社滚蛋了。

而我还在这里得意地笑。

是肥肉还是砒霜
——关于该不该拿回扣

> 找一个愿意付你高薪的老板，比找一个
> 愿意付你钱的回扣渠道，安全多了。

关于钱的纠结，很多职场中人都无法回避。前些天一个读者发来私信，问到一个敏感而尖锐的问题："我该不该拿回扣？"

这个读者在某家大公司渠道部门工作，但是薪水不高。而渠道上各种各样的回扣摆在面前，"说实话，真的心动了"。

但是他也说出了他的纠结："我潜意识里知道这样做是不对的，但是再这样下去，恐怕是真的坚持不住了，万事开头难，真的不想开这个坏头……"

"回扣"，真是诱惑又迷幻的两个字，诱惑是因为它就是真金白银，而迷幻，因为真的不知道它会带给你什么。

这里面有太多的玄虚和故事了，包括给这个读者的答案。

1

之前的文章里我已经写过了，我并不是一开始就在商业领域工作的，最早是从媒体进入职场的。

和商业公司相比，媒体并不是有很多金钱收入的地方，更何况二十年前年轻的我们，多半是因为心里的新闻理想而选择了那份工作，并不太在意钱。

但你不在意钱，并不意味着别人不在意。

我第一次意识到这种差别是一次出差采访。

报社那时候对出差的财务管理制度很严格，每个记者出差的费用都有封顶，比如一些地区住宿费不能超过 200 元，每天餐费不能超过 50 元，市内交通全天限额 50 元，如果超过了只能自己负担。

这个费用标准在一些经济不发达地区勉强还可以，一旦到了上海、广州、深圳这种经济发达地区就不行了。

那时候我们出差都是订很便宜的快捷酒店，去路边的快餐厅解决吃饭问题，就算这样也经常自己掏一部分腰包，每当这时大家就会自我打趣：这次又亏本了。

有一次我去南方某个大城市出差，飞机上遇上了一个同事。

这个同事在当时的报社被誉为"能人"，不仅稿子写得好，头脑也灵活，比我们大不了几岁却已经成了某个专刊的负责人，在单位从来就是呼啸着来、呼啸着去，非常气派。

到了目的地后，我正琢磨着坐机场大巴去市区，他却已经坐上了一辆来接他的专车。

他邀我一起，我是头一回碰到采访有人接机。当时我做的是深度报道和调查新闻，基本都是负面报道，绝大多数采访对象对我避之不及，从来没有过这样的待遇，所以印象很深刻。后来才知道，那是他的一个采访对象派的车。

那次出差回北京后的某一天，我忽然接到这个同事的电话，邀请我为某个品牌写一个系列报道中的一篇。那时候我年轻又率性，听了一下觉得完全不感冒，就直接拒绝了。后来就听有人说，他觉得我"书生意气"。

再后来他和我就没什么联系了，我们在看似相仿实则不同的两条路上越走越远。

虽然都是写字，但我心里除了写字之外并没有其他，过得普普通通；而他负责的是当时报社效益最好的专刊之一，据说每年都有一定比例的广告是他拉回来的，风头一时无两。

2

在传统媒体工作了 11 年后，我终于选择了离开，来到商业公司工作。

离开的缘由之一当然有薪水不高的原因。人到了一定年纪，家庭和生活的多面性会让你逐渐褪去原先的理想化，最大的变化就是我开始考虑收入的事了。

在商业公司里工作，首先面临的就是商业利益对原有观念的冲击，这种商业利益一部分是合法的，另外一部分是灰色的。在中国，这样的事情其实很多，就算是我，在刚刚开始那段时间也有些晕头转向。

就在这时发生了一件让我非常震惊的事：那个前同事"出事了"。

据说是上级纪检部门接到举报，查出他在负责专刊的过程中有大量接受品牌方和合作方商业回扣、谋取不当得利的行为；有关部门调查了一段时间后，在众目睽睽之下把他带走了，后来因为查实的数额巨大，他在大半年后被判了重刑。

那时候，他的孩子刚刚出生没多久。到现在已经好多年过去了，他还在监狱里没有出来。

这样的例子并不是我周围唯一的。

在公司工作了没多久，一次项目合作中认识了合作方的一位女士，当时大概不过三十出头的年纪，漂亮能干，业务能力很强，情商也高，我们合作得非常愉快。据说她做了很多业内有名的项目，无往而不利，是合作方团队的"女神"，很多年轻人都以她为榜样。

项目合作到尾声的时候，这位女士忽然消失了。我们都觉得有点奇怪，后来一打听，才知道她也"进去了"，原因是在之前的多个项目中接受渠道商的回扣，总金额差不多到了八位数。后来东窗事发，虽然家人拼命退款，但她还是差一点就被判了无期徒刑。

这件事情出来后，我们不由得感慨了一番，因为她在之前的合作中留给人的印象实在太好，大家都想不到她会做出这样的事。

后来有个同事冷不丁说了一句：

如果换作你,坐在她那个位置,每天面对那么多想把你供起来的合作方,你能控制住吗?你能控制得了一次,但每次都能控制得了自己吗?

这话一下把所有人都问哑巴了。金钱的诱惑实在太大,也真的不是每个人都能顶住那种诱惑。

3

讲完上面两个亲身经历的例子,再说到"回扣"问题。以下几个问题不知道大家会给出什么样的答案?

1. 薪水少是不是可以吃回扣的理由?

2. 别人吃回扣是不是你也可以吃回扣?

3. 究竟有没有安全的、不出问题的吃回扣方式?

对于很多朋友来说,这三个问题都有一定的迷惑性。就像那个给我发私信的小伙子,他说自己对回扣动心的前提就是"薪水实在太低"。

那么,薪水少是不是可以吃回扣的理由?

答案当然是否定的。我们在给一些问题寻求答案的时候,一定要避免"替代陷阱"。

所谓"替代陷阱",就是用似是而非的理由替代问题的答案。薪水低就可以吃回扣,这其实就是一个特别硬的"替代陷阱"。

薪水是什么？是你工作的报酬，它的多少和你工作的年限、经验、能力有关，也跟你工作的质量、数量甚至人脉相关。

如果你的薪水少，很大程度上说明你的前述某个硬性条件有所欠缺。

当然也会有怀才不遇的情况，但在现在这个社会，那种情况真是太少了。而一个人的硬性条件有欠缺，却成了吃回扣的理由，这个逻辑是不是有点问题？

解决了第一个问题，再来看第二个：

别人吃回扣是不是你也可以吃回扣？

虽然我当时的工作都属于乙方公司，大多数情况下是属于给别人送回扣的，但有问题总是希望能够得到解答，所以有一次我专门请教了一个业界大佬。

这位大佬很有趣，纵横领域多年，达观睿智。那次我开门见山地问他："如果周围人都收回扣，是不是意味着我也可以收回扣？"

他笑眯眯看了我一眼，然后轻巧地回了一句：

那别人如果因为收回扣去坐了牢，是不是意味着你也愿意因为这个原因去坐牢？

这话一下把我问住了。

但是那一刻我并没有被说服，还在嘟囔："可那么多拿回扣的人，去坐牢的还是少数啊……"我想，这应该也是一个潜藏在很多人心里的"暗黑问题"吧？

4

对我的反问，那位前辈并不意外："对，拿回扣去坐牢的人的确是少数，问题是……"他看了我一眼，"你敢不敢赌，自己就绝对不会是那少数人？"

我一下愣了："这个……怎么敢赌？"

"所以啊，"他说，"别人拿不拿回扣，其实同样不是你应不应该拿的理由或者借口，但是你能不能承担拿回扣有可能带来的后果可以做一个'反向衡量'，如果你可以承担，那你尽管伸手；如果你承担不了，那趁早别干。"

我想了想，冷不丁问了他一个一直想问而没敢问的问题："那您是不是从来没有拿过回扣？"

大佬不愧是大佬，眼睛笑得像弯月一样："关于回扣嘛，我一般都是两种处理方式……"我一下竖起了耳朵，只听他说：

"第一种，要求足够高的薪水，高到你可以根本不在意那点回扣。

"如果固定薪水达不到那么高，那就用第二种方法，把一部分回报和你的业绩绑定，通过协议或合同的方式和你的老板或者资方确定下来，这其实就是把不合法的回扣变成了合法的激励收入。"

"那……如果做不到或者老板不同意呢？"我傻乎乎地问。

"如果做不到，那就是你能力达不到，是你自己的问题，怪不得别人。如果你可以做到而老板不愿意，就是他抠门，那你大可以换个老板。"

前辈轻描淡写地说：

"其实很多问题都有不止一种解决方式，特别是在钱这个问题上，只可惜大部分人眼睛里只看到了钱，而不去想还有没有别的答案。"

那天的谈话让我茅塞顿开，并因此解决了盘桓在我心里很久的关于"该不该拿回扣"的问题，甚至可以说，那次谈话直接影响了我后面的职业生涯。

这个影响就是：在"回扣"这条路上，尝试着去寻找"其他的答案"。

5

比如要求更高的收入。

在后来我的若干次工作变动中，每当碰到谈薪水的时候，我都不怎么客气。因为我太知道自己对工作的认真和投入程度，又不愿意在类似回扣这种灰色收入问题上浪费太多时间。如果老板不接受，那咱们就拜拜。

我始终记得那位大佬说的话：

找一个愿意付你高薪的老板，比找一个愿意付你钱的回扣渠道，安全多了。

再后来，工作难度上升到新的层次，特别是达到无法用固定薪水来体现的情况时，我用上了大佬说的第二种方法：

业绩和回报的绑定协议。

这个方法也很好用，虽然中间有过一些需要注意的地方，但通常情况下还是很有效的，既不会让你为付出和收入不成比例纠结，也不会让你担心触犯法律的问题。

而且你还会发现，当你可以不用在意"回扣"这种问题的时候，工作起来有多舒服和自在，该说什么说什么，该做什么做什么，不用刻意逢迎，也不用绞尽脑汁，更不会因为一些灰色理由影响你的判断和认知，而被你拒绝之后对方也不会有什么其他的看法。

换一句简单的解释：挣该挣的钱，心里踏实比什么都重要。

这就是第三个问题的答案：

当然有安全的"吃回扣"的方式，那就是把你自己提升到可以靠合法收入碾轧灰色回扣的级别，就等于把"灰色"放到阳光中了。

如果你觉得自己做不到，那是你的能力或者努力的问题，而不是商业领域不允许。从这一点上说，与其努力想各种办法去赚回扣，真不如想办法提升你自己，把灰色收入变成白色的。

大部分因为"该不该拿回扣"这个问题纠结的人，其实多少都存在能力不够、努力不足却又希望获得更高收入的情况。一旦能力够了、努力的功夫也下足了，很多问题就会迎刃而解。

所以，要么争取做一个超越这个阶段的人，要么去面对更高的风险和可能的牢狱之灾。事情就是这么简单，并不十全十美，但至少给了你选择的可能。

这并不是回扣的问题，而是你对自我认知的问题。

别只看到人家的
七位数报酬

这个世界很大,我需要好好去品味,但是在此之前,
我要先活下去。

那天在一所大学做活动,快结束的时候,一个中文系的学生忽然问我:"老师,我也特别喜欢写文章,也写了不少,但是我特别怕以后靠这个养不活自己……"

我说:"如果你是真的喜欢,那就先找个其他的工作,慢慢地磨炼,等写作水平提高了,这个问题自然就解决了。"

他想想却说:"但是我不想做其他工作,只想写字。"我说:"那也可以,你可以多接一点活,多写一些字,这样也能多赚一些钱。"

他有些郁闷地说:"可是那样会很辛苦,时间也会被占去不少。"

我说:"时间、精力、金钱,有时候常常只能节省一个。任何一个工作,只要是刚起步阶段,要想赚很多钱都并不容易。如果你真的不满意,

可以去做其他赚钱多一些的工作。"

他嘟囔着说："可是我只会写东西，不会拍马屁，不会钻营，要跳槽的话也没有特长，不知道能做什么……"

他说完这个话我彻底明白了，扭脸问他："你是不是觉得只会写字是件特别不值一提的事啊？"

他没说话，但也没否认。

这个场景让我想起很多年以前，我和一些同行差不多同一时间开始在网上写东西，写了一段时间，他们就放弃了。原因不外乎一是发在网上没什么人看，二是也没有任何收益。既不能出名，又不能获利，写字这件事的性价比实在是不怎么高。

我则一直坚持到现在，当时很多人觉得不理解，因为平常工作就已经很忙了，居然每天还写那么多字。他们说："你做这件事究竟是图什么呢？"

现在想起来，那些自我的否定和外界的否定真是同等现实和刺耳。

1

不可否认，大部分人会用挣不挣钱作为一件事值不值得做的评判标准。

对于大多数普通人来说，爱好和挣钱这两件事如果天生犯冲，那简直是一场灾难。不幸的是，写字和赚钱就是这样一对冤家。

当然也有天赋异禀一鸣惊人的，但并不属于大多数普通人。

在大学毕业找工作之前，我已经发表过很多文章，得过一些奖，挣过一点点稿费。即便是这样，在大概盘算了一下未来在北京的吃穿住行之后，我还是掉头找了一份其他的工作。

这个世界很大，我需要好好去品味，但是在此之前，我先要活下去。

从那时起，写作就彻底变成了一个"爱好"。每次出差回来累得跟狗一样时，打开电脑敲字就成了我对自己最好的按摩和放松。

之后的十几年，换了两三次工作，在不同领域，压力都很大，唯一能让我保持精神放松的，只有写字这件事——它是我对精神的自我放空。

从2001年的论坛，到2004年的博客，再到2009年的微博，然后到2012年的微信公众号……这十多年来，文字的载体一变再变，第一件不变的事是我一直都在写。

而第二件不变的事，是它真的没有给我带来什么收入。

我在网上前后写了十多年，写了几百万字，没挣到过一分钱。广告就别提了，谁会在一个没有名气的人身上投广告？

后来终于有打赏了，却也应者寥寥，算下来每个月充其量也只有1000元。

每月1000元，好可怜。

2

挣不到钱，如果能挣到名似乎也不错，可是在过去的十多年中，这条路也被堵死了。

我曾经把自己发在网上的文章精心整理出来，然后四处联系出版社，希望能给自己留下一些记忆。出版社的编辑们开始还表现出一定的兴趣，但是当他们知道我的文章已经在网上发表过之后，态度就发生了微妙的变化：

写得倒真挺好的，不过你都已经发在网上了，谁都能看见，那出了书谁还会再买呢？

"啪啪啪"，我那知识分子的小脸蛋真的有点疼。

其实外面的名不要也罢，问题是有些时候形势会逼着你"学乖一点"，因为并不是每个人都能理解，这个世界上居然有人把费脑费心的"写字"当作精神按摩。

比如我的某位前老板—— 一位很成功的富豪，就曾很不以为然地说："你还有工夫在网上写文章？说明你的工作量还不够多！"

她并不记得，当初我决定去她那里工作的很重要的一个原因就是面试时她曾经说过一句："会写文章的人都很有才，我喜欢和有才的人一起共事，以后你要是出了书，我买一百本来支持你。"

我们这种人就是这样，很容易被一个小细节感动，以为那是外界对自己的认同。

当我真的成为她团队中的一员后，写文章这件事却让她格外看不顺眼，哪怕我都是在加班过后挤出一点时间写作。

说完"你的工作量还不够多"这话没多久，她就真的给我安排了一大堆莫名其妙的工作，气得我想打人的心都有。

相比挣不到钱而言，这种得不到尊重的感觉应该更难受。

而比别人的否定更有杀伤力的，是自己对它的否定。

我曾经有个哥们儿，当年是我们年级有名的才子，才华出众，写得一手好文章，很让包括我在内的人羡慕——祖师爷赏饭吃这件事，真的不是每个人都有的。

但是毕业工作后不到两年，他就决定不写了："这么写要写到什么时候才能出人头地？有才华的人那么多，我还是去干点容易的事情吧。"

他放弃了写字，进了一家公司。十多年后我们再见面，他却慨叹："现在想写也写不出来了。"

时间就像一条满是细沙的河流，如果你不向前走，它就会把你慢慢磨碎，包括当初看似璀璨的才华。

3

到了 2016 年，我依然在写字这件"既不赚钱也不赚名"的事情上坚持着。

此时距离我第一次在网上写文章已经过去了 17 年，距离我的名字第一次变成铅字已有 27 年，距离我第一次向报社投稿则已整整过去了 31 年。

这么多年里，写字一直都给予我最多的精神抚慰，特别是在成年后那些进退维谷、前途渺茫的时刻，它都会默默地陪伴着我，从来不因为我际遇而离我而去。

仅此而已。

2016 年夏天，一个偶然的机会，我在微博上开通了付费阅读。就算这样我也没把它太当回事：免费文章那么多，要收费了，谁会来看呢？

第一篇文章发出去后，我就漫不经心地去吃饭了。吃完饭回来一看，傻眼了，一堆订阅提示，不仅有单篇的、包月的、包季的，还有花了几百元包年的……

第一篇文章一共 33 人购买，订阅收入 1300 多元。

四天之后我发了第三篇文章，刚发出去订阅人数就超过 200 人，收入达到了五位数——这个数字大大出乎了我的意料，在微博付费阅读非财经、股票、彩票类文章中也名列前茅。

微博方面问我：这个数字可以公布出来吗？他们说，出于种种原因，很多写作者都不愿意公布收入情况。

我想了想，同意了：靠劳动光明正大堂堂正正挣的钱，有什么不能公布的？

我写了一段话：

在很多人眼里，挣钱是一件痛苦的事，需要钻营、不择手段，而读书写字则让人清贫。我只是想试一下，在现在这个时代，认真写字还有没有让自己踏实的未来。事实证明，是有的。

结果朋友圈先"炸"了，连之前一直对我在网上写文这事儿不以为然的同行都很吃惊。

微博公布订阅数据后则有人说：

能让写作者靠写字体体面面地赚钱，是社会的进步。

微博官方转发时加了一句：

只要认真地坚持做好一件事，就能体体面面地把钱赚了。

深以为然。

4

到现在，我从微博付费阅读上收获了超过 10 万人次的付费读者，获得的订阅收入早已超过了七位数。除此之外，我还卖出了不止一份影视版权和有声版权……

从 2017 年开始，我就成了一个可以靠写作养活自己、养活团队的职业写作者。

这一切，都是我之前从来没有想过的事。

对我来说，其实变化并不大，我还是每天看书、采访、写字，唯一算得上变化的，是终于可以不用去看别人的脸色了。

包括那位曾经很看不上我写字的前老板，有一次无意中在一个活动上碰见，她热情洋溢地打了招呼后提议说："能帮咱们公司写本书吗？"

我笑眯眯地回复她："没问题，不过让我写书的价钱，特！别！高！"

她可能是随口一说，但我不是。

发生变化的还有周围的一些熟人，他们曾经对我写字很不以为然："单纯靠写字，真的能赚七位数的收入？"

我说："在这个行业，七位数其实并不多。如果你只能看到那七位数，那你怎么写估计都挺难的。如果你心无旁骛地一直坚持写下去，别说七位数了，更多的机会都会找来。"

他们似乎没听懂我在说什么，转而点开看了一下我文章的订阅价格，然后说："天，这也太贵了吧！"

我撇嘴："如果你都看不上自己的文章，它当然没价值。如果你付出了心血和精力，自然就不会看不上自己写的东西，再说，决定你的文章是否有价值的，并不是作者自己，而是读者。"

他们却说："像你这样能折腾的有几个啊，我们都是普通人。"

我在心里暗暗叹了一口气。

我才真正是一步一个脚印往前走的普通人，而你们……只知道羡慕别人然后抱怨却又不付诸行动。

你可以平凡、愚钝、懒惰，只要你认命。怕的是你平凡、愚钝、懒惰，却不认命。

真的，最看不上写字、看不上自己专业的，其实常常是写字的人自己吧。很多人觉得，写字谁不会啊，那么简单。但这个世上不就是越简单的事情越难做好吗？

手里掌握着最大的能力，却哀叹生活不厚待自己，这样的人并不少。所以真的别只看到那诱人的一百万，对我来说它真的是天上掉下来的，最关键的问题还是：

对喜欢的事或者专业,你认真做了吗? 有没有用心? 有没有坚持下来?

那些轻易放弃又时常抱怨的人，就算天上掉下一个大馅饼，也没那本事接得住。

文字的才华、出奇的想法、亮丽的文笔，其实很多人都有，但认真、用心以及面对困境时不为所动的坚持，真不是谁都有的。

只有你足够有钱，
才配拥有"肆无忌惮"的善良

每当有人把"借不借钱"和"善良"挂钩的时候，
我就忍不住想冲上去将对方撕个稀巴烂。

"她是我最好的朋友，前些天突然管我借 15 万元，说是她老公在外面欠了大笔赌债，债主找上门来，她也没有办法，只好找身边的人借。"

发来求助私信的是读者小 A："当时我犹豫了一下，一是这笔钱的确数目不小，二是我的小店生意因为疫情也很难，三是借钱还赌债总让人觉得有点……"

"然后呢？"我问。

"再跟她联系的时候，她已经把我拉黑了。"小 A 很郁闷地说，"我是不是做错了什么？"

1

这已经不知道是第几次遇上"好友向我借钱，谈钱伤感情，谈感情伤钱"的戏码了。

不知道别人是什么情况，反正我有过不止一次类似经历——很多年前刚刚工作没几个月时，一个关系还不错的朋友来借钱，金额大概是当时我月收入的两倍吧，问他具体是什么原因借钱，他也不明说，只是说借钱。

那时候人年轻，面子也薄，虽然刚工作，但还是借了。结果到了约定的还款日，已经联系不到这个朋友了，打电话不接，发短信不回，跟消失了一样。

再打听，才知道他管周围好多朋友借了钱，总金额大概有八九万吧。注意，是 20 年前的八九万——至于原因嘛，也是因为在外面欠了钱。

因为怎么也找不到他，大家决定报警，结果这时候有人说："为这些钱报警，他多半会坐牢，这样做……是不是显得有些不太善良？"

那时候人真的很年轻，如果说别的可能还会有所争执，但说到"不太善良"这事，很多人就犹豫了，结果就没有报案。

再过了两年，那哥们儿忽然出现了，此时的他已经在北京买了两套房。当年那八九万块钱交两套房子的首付绰绰有余——有人找他要钱，他态度特别好地说，他每个月还要还多少贷款，根本无力把钱还给大家。

可他居然在北京买了两套房！

还有一次就更逗了，我曾经在微博里也写过，也是一个朋友很多年前借了一笔钱，具体什么原因忘了，说好一年后还，结果一年后他就不搭理我了。后来发现他还跑去国外旅游，各种爽。那时候我也年轻，做事比较猛，直接杀到他公司逼着他把钱还了。

最后他不情不愿地把钱还了，却说我："你至于吗？你缺这点钱吗？"

听听，这是什么虎狼之词？

所以每当有人把"借不借钱"和"善良"挂钩的时候，我就忍不住想冲上去将对方撕个稀巴烂。

放在小 A 这件事上同样如此。

2

在借钱这件事上，之所以总会产生这样那样的问题，是因为很多人其实没什么"界限感"。所谓界限，是指有些事明显越界，最好别干；如果做了，那就要做最坏的打算。

这种"越界"尤其以下面两种表现最为不堪：

一、关系越界。

明明关系没有那么近，至少没有近到可以借钱的地步，却越过这个界限开了口，这叫"关系越界"。

二、数目越界。

可能你们的关系已经近到可以借钱，但是你借的数目已经超过了对方可接受或者可承受的范围，这叫"数目越界"。

读者小 A 和那个朋友之间显然已经到了可以借钱的地步，问题出在"数目越界"上。

无论是关系越界还是数目越界，都会带来很尴尬的结果：

借了，经常碰上对方不还的情况，比如我自己前面两次亲身经历，弄得朋友肯定做不成了，最后钱也有可能根本拿不回来。

不借，可能会伤害彼此的关系，让大家朋友都做不成，更要命的是，你还可能因此背上沉重的心理负担。

就像这个发来求助的读者小 A 一样——因为 15 万不是个小数目，她自己的生意在疫情期间也大受影响，再加上是还赌债的关系，她犹豫是很正常的。

犹豫之后，她决定借给朋友 5 万，并且做好了对方不还的准备。从这个细节我们可以判断，在小 A 的心目中，好朋友借钱的心理阈值就是 5 万，超过这个阈值都会有所犹豫。

如果她朋友当时管她借的金额小于这个心理阈值，那小 A 估计会毫不犹豫地出借。

这里必须说明的是，不同的人因为职业、收入、教育背景、生活和成长经历不同，在财务出借上预设的心理阈值也多有不同，有些人高，比如 10 万也能接受，有些人低，超过 100 元就不行。

3

真正让小 A 心里别扭的是她明确了这个心理阈值，并且准备做出回应后发现被朋友拉黑时的落差。不得不说的是，她的这种落差其实源自二人之间已经越来越明显的差别。

她在求助中说，她和这个朋友曾经一起经历过很艰难的时刻，后来随着两人结婚生子交往少了，但还经常联系，从这些表述中应该能够看出：

1. 随着生活的变化，她们两个人其实早已经走上了不同的道路：她在开小店努力经营生活，而她朋友在为丈夫借钱还赌债奔忙。

2. 两个人面对困难时的应对也已经明显不同：她还可以冷静思考，而她朋友已经"不得不做"一些外人看来明显不合适的事。

3. 面对结果两人的态度也已不同：她思考过后选择"5万"这个可以接受的结果，而她朋友连结果都没等到就把她拉黑了。

……

虽然小A嘴上还认为她们两人是最好的朋友，事实上她们两人早已经处在完全不同的人生轨道上，包括对事情的看法、对问题的应对以及对结果的接受。

这并不是一个很容易接受的结果，但它是事实。

在我们的脑海中，曾经出现过很多个"我要一辈子跟这个人好下去"的瞬间，每个这样的瞬间都挺感人的，可面对现实的时候这种感动就跟纸糊的灯笼一样，根本经不起几下折腾就乱七八糟了。

而小A放不下的，不过是旧时记忆的"尸体"而已。

记忆的尸体总是代表着美好，却已经回天乏术。

仅仅如此并不能完全解释小A心里复杂的感觉，真正让她无法释怀的其实是那种似有似无的"歉疚感"。即便对方提出的要求并不合适，可当她发现自己被拉黑的那一刻，也还是会产生这种感觉。

就像当初我们上当受骗准备报警，却因为有人一句"这样做是否不太善良"而有所犹豫一样：明明自己理直气壮，却被某种东西束缚，尤其是当我们面临"不善良"的指责时。

4

善良多少钱一斤？

当年我们那帮被那个所谓朋友借走八九万块钱的人，有几个当时还没正经工作，手头也很拮据。那人借钱不还遁走之后，当初好心借钱的人反而陷入困境，在那种情况下没人考虑他们的感受；可当他们说要报警时，有人却说：

为钱这样做是不是太不善良了？

那时候我年轻，历事不多，并不太能分辨其中的关键，甚至当听到这样的话时自己也产生了退缩。

是啊，谁愿意自己背上一个"不善良"的标签呢？

过了两年，那人重新出现，用那笔钱交了两套房子的首付，并且不管怎样都拒不还钱的时候，我们这些自诩善良的人心里的滋味就别提了。

说句政治不正确的话，他不仁不义却买了两套房子，我们妇人之仁还被他嘲笑。如果善良换来的就是这样的结果，那还是先让善良靠边站吧，然后我就体会到了"甩开善良的快感"。

比如那次我冲到那个不还钱却跑到国外旅游的朋友的公司，逼着他从自动取款机里取钱还我的时候，虽然他的话还是很让人生气，但是看到失而复得的钱时，那点不愉快顿时就烟消云散了。

没错，跟真心实意让你快乐的钱相比，那些虚头巴脑的"善良"才最让人深恶痛绝!

再后来，我才意识到这其实就是一种道德绑架——以"善良"为名义。你见识得越多，心里对这种绑架就越深恶痛绝，可在涉世未深的年轻时代，你其实很难磨开面子。

从这个角度说，小 A 之所以心里觉得难过，很大程度上也是因为背上了"害怕自己没帮上朋友，而被别人认为不善良"的包袱。

可她没有想到，只要有了这个包袱，多半就会付出代价：要么是金钱的损失，要么是关系的损毁，而这些原本应该是对方先考虑到的，毕竟需要求助的是对方而不是她，最后先背上包袱的却是她。

5

有人说，我就是怕别人说自己不善良，或者就是觉得自己过不了自己心里这道坎。不管说是妇人之仁也好，还是圣母心也罢，这样的人真的有，就连你我可能都会在某一个特定时刻有这样的想法，那该怎么办?

只有一个解决办法：提升我们的心理阈值。问题是，任何跟钱有关的心理阈值其实都和我们的实际物质承受力紧密相关。如果你意识不到这一点，再次遇到这样的问题还是会觉得无比烦恼。

真正的答案只有一个：变成一个更有钱的人，否则你不配拥有你想要的那种毫不犹豫、想帮就帮的善良。

真的，中国有句古话叫"仓廪实而知礼节"，意思是只有你家仓库堆满了粮食，不用担心吃不饱穿不暖，你才会在待人接物上有礼节，才会保持做人起码的体面。

如果你穷得叮当响，吃了上顿没下顿，为了活下去可能会做出很多不要脸的事情，就更不用说什么体面了。

人都有求善心理，这并没有错，可是如果你的力量不够强大，别说帮助别人了，可能连自己的体面都顾不上。

小 A 自己就是这样，她自己生意因为疫情影响，日子已经很不好过，能够拿出 5 万帮助朋友已经非常难得，现在却因为被对方直接拉黑背上了不必要的心理包袱，显然就是这种"求善"心理在作祟。

如果根本没有那种力量，却追求所谓善良，那更大概率的结果是把自己带到了沟里。不仅不智，更是一种不负责任。

如果这种"善良"的质疑来自外人，那就完全是一种道德绑架。

当你听到"既然是你最好的朋友，不借是不是不太善良"这种话，请一定回一句："如果你足够善良，就算不是你最好的朋友，也请你借。"

归根结底还是要提升自己的实力，不管是经济实力还是精神实力。

前者可以让你有足够的能力免去很多思忖再三的纠结，后者则可以让你迅速从这种纠结中走出来。

所以尽量让自己更有钱一点吧，这样你才能离不用纠结的善良更近一步。

第五章

让时间帮你赚更多的钱

V

收入稳定也未必能
高枕无忧

> 我们所有生活的考验真的不是来自稳定时期的
> 一马平川，而是来自跌宕时刻的高低起伏。

因为2020年初的这场新冠疫情，我在家里生活、办公一度超过四个月。

工作二十多年来，还是第一次碰到这种情况，哪怕2003年的SARS都没有这次的影响这么大。

前几天一个朋友很郁闷：因为将近一个多月没有正常开工，他所在的公司业务受到很大影响，现在只拿着基础薪酬的七折，但是房贷、车贷、一家老小的生活开销等一样都不能少。

"以前我一直觉得'稳定'是最重要的，所以对生活和工作一切都以稳为上，但现在不知道为什么自己有点慌。"

之所以会觉得慌，是因为忽然发现"稳定"居然也会不堪一击。

1

2020 年 2 月 2 号是团队原定复工的第一天，那天感觉并不算太美好。一个节前已经板上钉钉、签好合同收到预付款的项目，被迫取消。

这已经不是最近这段时间第一次发生这样的事。因为这场疫情，我们取消了一部电影、两部电视剧，还有若干场商业活动的签约，不仅合同因为不可抗力被迫作废，连已经到账的预付款都必须原路全额退还给合作方。

一些线下已经开始准备的项目，这部分损失只能自己承担。

这种情况不止一个行业、一家公司遇上了，唯一的区别可能在于在我们这个行业，变化从来都是不变的主题，哪怕不是因为疫情，也常常因为其他一些突然冒出来的事情影响整个计划，所以我们已经习惯了，并没有那么慌。

可对于绝大多数行业和绝大多数朋友来说，这样的变化足以直接打乱很多生活和工作的安排。

除了文章开头那个朋友，还有一个在广州开第三方服务公司的朋友，原来业务开展得非常顺利，每一年收入也还不错。如果非要给这个工作找一点不满意的话，那就是他公司的业务基本上是依靠别人获得的。

如果服务对象业务进展一切顺利，他的公司业务就会繁忙；如果别人业务进展不顺利，他的公司业务也会受到影响。

我曾经建议他，可能需要在此之外考虑另外一条创收的道路，不能把所有的营收压力放在一条业务线上。

他也觉得有道理，大概在两年前开始了尝试。说实话，要新开辟一条业务线谈何容易，折腾来折腾去总是投入的多，见效的少，努力了大半年之后他放弃了，还是老老实实做他的第三方服务。

"别的不说，至少它是稳定的。"

天不遂人愿，2019 年因为经济增速变慢，他公司的业务萎缩了一半左右。本来想 2020 年好好干一年，没想到又碰上这场疫情，公司到现在都没有正常营业，之前的所有业务都停止了，他原来认为特别稳定的收入突然没了。再加上房租、人工以及其他成本，已经亏损了一大笔，他顿时有些慌了。

他说这个时候才有些后悔，如果当初不是那么轻易就停止了尝试，坚持到现在的话，他的新业务应该已经有所进展了，至少不会陷入现在这种完全靠天吃饭的境况。

这说明一点，是否真正稳定常常不是在稳定环境下自测，而是能否经受住特殊情况下的考验。

收入这件事同样如此。

2

那么对于一个普通人来讲，该如何判断自己的工作或者收入能否经得起这种特殊情况的考验？有两种方法。

第一，当你对通过目前的工作获得稳定收入的情况很满意时，请思考一个问题：

如果有一天这份收入没有了，你是否能支撑自己的生活？

如果答案是否定的，说明你的收入还经不起极端情况的考验。有时甚至不用像这次疫情那么极端，只要有一些工作上的变化或者岗位上的变化，可能就会直接影响你的收入，进而影响你的生活。

第二，如果你现在拥有一份可以给自己带来稳定收入的工作，那么请思考另一个问题：

如果有一天你失去这份工作，是否能找到新的职业，可以继续为自己提供稳定的收入来源？

如果答案还是否定的，那么说明你的工作依然只是"稳定状况下的稳定"，而不是全天候的稳定——所谓全天候的稳定，除了稳定状况之外，同样也要包括类似这次肺炎疫情的极端情况下，依然能够给你提供足够的收入支持。

这两个答案都是否定的朋友，那么你就要小心了：可能在很长的一段时间内你不会因为工作或者收入有太大的影响和波动，但是一旦出现这次这样的特殊情况，你可能就会立即陷入困境。

即便不是 SARS 或者新冠肺炎，你依然可能遇到其他特殊情况。

3

其实，稳定是很多人在生活和工作当中的第一追求，这并没有错，那么为什么这一次我们会产生追求稳定是否正确这种疑惑呢？

答案很简单：绝大多数人并没有针对特殊情况的应对和准备。在收入和工作这条线上，大多数人会按部就班，很少会"脚踩两只船"，为自己准备一个备胎。

对于绝大多数普通人来讲，工资收入一定是第一收入来源，但是仅靠它们，我们是否就足够应付生活的所有考验？可能并不是。如果你对此有所疑惑，想想今年的情况你就会发现，虽然疫情隔了 17 年才出现，但仅仅是一次就足以让你伤筋动骨，那么你是不是应该做些必要的防范？

在收入上的防范包括：

一、一定要有对未来开销的留存，这其中包括现金流、投资理财以及后备金。

之前我曾经写过一篇文章，专门说明普通人生活中现金流的重要性，希望大家尽可能把手里的现金流提升到六位数以上。

现金流并不仅仅是生活花销的支撑，同时也是一旦遇上极端情况或者工作生活不顺的时候，有足够的空间去腾挪。

比如若是家人的健康情况出了问题，在保险之外，我们必须有足够的治疗资金，说得更直接一点，这时候的现金流就是我们保护家人的最大依靠。

二、不管你对现在满不满意，都要尽早开始投资理财。

如果你不提前对"学会用钱帮你赚钱"这个问题加以考虑，等到问题真的出现时，可能根本没有机会从头再来。

有趣的是，这场疫情之后，我在网上写的所有跟投资理财相关的付费阅读和订阅量平均增长了三倍，而我的前一本书《远离迷茫，从学会赚钱开始》的销量也提升到平常的两倍以上。

为什么？

原因不外乎大家突然意识到，仅仅靠按部就班、循规蹈矩的工资、存款可能难以应对未来生活中可能面临的种种问题。

世上最难是人挣钱，世上最闲是钱生钱，人挣钱是常态，而钱生钱是少部分人才懂的道理，我们必须及早考虑生活中"钱生钱"的方法和思路。

这样到了一定的时候，当钱生钱的力量逐渐壮大，它就会成为我们另一个重要的收入后备来源，也会给我们的生活带来更多支持和依靠。

就像一个小伙伴在我微博下留言说的，之前她是一个月光族，看了我的文章之后开始投资理财，坚持了好几年。现在她在创业，她说，如果不是因为这几年的理财让她有了主心骨，遇到疫情这种情况自己早慌了。

这就是我们经常说的"钱是人的胆"，你可以自己挣钱，同时不要忘了，你同样可以让"钱生钱"成为你的第二条挣钱的渠道。

三、现金很重要，永远不要让自己账户里的钱没有丝毫辗转腾挪的余地。

之前一再地说，我们一定要让手里有一些闲钱，我甚至专门写文章解释了什么才是闲钱、闲钱能起到什么样的作用……这些并不仅仅是知识点，也是对生活未知的准备。

　　站在这条路上，我们必须回头看一下自己的账户里，有没有这样一笔可以留给未来的闲钱？

4

　　那天我妈问我，"遇上了这么严重的疫情，我怎么觉得你好像一点也不慌？"我说是不慌，因为我一直习惯性地提前做些准备，无论是在工作、生活还是收入上。

　　首先说工作，我始终坚持在工作之余，给自己保留一份特长。

　　就像我以前在做影视策划、艺人经纪的工作时，我依然在写字。万一某条路走不通，另外一条路也可以给我带来持续而稳定的收入。

　　其次，在自己挣钱的同时坚持理财。

　　这个理财真的不是说行情好的时候才理财，在行情不好、没有赚钱效应、大盘持续下跌、投资出现亏损的时候我同样也这么做，并没有动摇。

　　因为我已经有过类似经历，知道就算我们95%的时间内都是太平盛世，但总有5%的例外，我所做的这些准备并不是为了应对那95%，而是要足以扛住那5%的致命一击。

　　在生活这条跑道上，大家从来都不是比谁跑得快，而是比谁跑得久。

　　再次，无论别人怎么说，我都一定要坚持下去。

　　有很多小伙伴在某时某刻会觉得我说的不错，也会因为一些现实情况的触动而做出相应的决定。随着时间的推移，重新进入那95%的稳定阶段后，他们会很快就忘记了那些特殊时期。

　　结果好不容易可以为未来有所筹谋的机会窗口被关闭，一旦特殊情况再度发生，他们还有力量去面对吗？就像现在很多人面临的困难一样。

5

其实说了这么多，我最想说的还是居安思危、未雨绸缪。

我们所有生活的考验真的不是来自稳定时期的一马平川，而是来自跌宕时刻的高低起伏。

一马平川时你能过得很好，并不意味着你在跌宕时就一定能够安之若素；若你在跌宕起伏时都能够扛下来，那么一马平川时自然不在话下。

当然疫情不会永远持续下去，我们的生活、生产、工作迟早会慢慢恢复正常。既然经历过这么异常罕见的疫情，我们就应该让这份经历变得有价值。

它应该让人意识到，不能仅仅从安稳的角度考虑工作和生活，更不能因为我们处于平稳状态而自动放弃对不平稳状态的准备。

像这次疫情这种特殊情况不可能永远充斥在生活中，即便如此，当我们生活中出现一些比它小得多的考验时，也常常会让人觉得难以招架。

那么，我们就必须为应对这种考验准备足够的弹药。

第一，我们要有足够的经济储备。

第二，我们要有未雨绸缪的想法。

第三，要在事情没有发生时尽早做尝试。

　　现在想起来，我挺庆幸当年在那么多人不理解的情况下，一次又一次做了关于工作、生活和理财的尝试。中间经历了很多困难，但是我都咬牙挺过来了。

　　事实证明，如果不是这样，我可能不会有现在的状态，也不会如此淡定地面对生活中接二连三的考验。

　　我可以做到，大家也可以。

莫欺少年穷
与莫怕少年穷

> 未来就像一条河，尽头是一道壮观的瀑布还是一片宽阔的海洋，谁也不清楚。在年轻时，即使条件不如别人也不要气馁，因为年轻就是上天给你的最好资本，它就像一个百宝箱一样，会给你越来越多的惊喜。

可能是因为外部环境的变化，最近一段时间，读者群里聊天的内容一直没有离开钱和收入。

群里的读者普遍年轻，很多都是刚出大学校门、没有工作几年的社会新鲜人。所以钱在他们心里显得格外重要，尤其是当他们需要面对生活的种种压力时。

时间一长，我发现了两个有趣的现象，第一个是：在一些人心中，会潜意识地觉得"没有钱是一件羞耻的事"。

还有一个现象是：如果有些小伙伴觉得自己不如身边的一些人条件好，他们就会下意识地想自己是不是有什么问题，言谈举止中多少有些偏激或者气馁。

人在年轻的时候，因为有钱或者没钱产生下意识的判断是一件很正常的事，这种判断是否偏离了它应该有的方向，那就是见仁见智了。

忍不住想讲自己年轻时的一段经历。

1

很多年以前，我刚上大学，认识了同寝室的一个同学，叫强。

全宿舍有八个人，都是四川、重庆地区的，大部分是城市子弟，只有强来自农村。

记得第一天报到的时候大家的行李都是装在箱子里的，只有强的行李塞在一个很简陋的编织袋里。他的衣着也非常朴素，甚至有些旧。

在 20 世纪 90 年代初的大学里，大家的条件相差并没有现在那么大，但是来自城市和农村的差别还是显而易见。这种差别不仅体现在生活上，也体现在学习上。

那个时候大学生的生活费远比现在低，大部分同学的月生活费在两三百元左右，但是强的生活费经常只有一百元出头，就这已经让他父母觉得压力很大了。

强家在农村，父母都在家乡务农，他还有一个妹妹在读书，他所在的那个县城即使是现在也依然是西南地区经济相对落后的县。

那时候强是我们宿舍最节省的一个人，他经常等到饭点的尾巴才去吃饭。那时候菜已经没有太多了，但是师傅常会多打一些，另外价格也会便宜一些。

刚从高中到了大学的我们，难免会像进了大观园一样，买一些新衣服新鞋子装点门面，但是强从来不买那些。

他很喜欢踢球，穿的都是自己的绿色胶鞋。有时候，队员们会很奇怪地问怎么穿着胶鞋来踢球，很容易崴脚，他也不做解释。

时间长了，大家便知道强的家庭条件不好。

2

生活上的节俭并不能解决全部问题，当时我们读的是一所外语学院，在那里读书，光是各种外语工具书和外文教材就要比一般专业多花很多钱。

比方说，我们有一门课需要用到一本专门的外版工具书，这本工具书的价格非常高，当时大概要花一百多块钱。强因为太贵没有买，所以每次写那门课的作业时都是管宿舍里的同学借。

这其实并不是什么大事儿，没想到有一天那个同学不仅不愿意借，还跟另一个家境不错的同学一起，对强说了一些很难听的话。强应该觉得很难堪，但也没说什么，后来再也不管他们借教材了，转而向外班的同学借。

都说大学是直面社会现实的第一课堂，现在想想这话真的很对。

首先就是原本亲密的同学后来会分成三三两两的"小团队"，不仅班级里有，寝室里也是。男生宿舍这种情况相对好一些，但依然很明显，我们宿舍那两个家庭条件非常好的同学，对强从来都看不上。

有一次全班同学要一起出去玩，每个人需要交 40 块钱，强考虑来考虑去决定不去。我们宿舍里只有他一个人不去，结果那两个同学明里暗里说他没有集体意识。

他哪里是没有集体意识，只是不想多花钱而已。到了大一的下学期，强就把他几乎所有的空闲时间都用来打工，做家教，当服务员，只要能挣钱什么都干。

这样一来，他的学习时间就受到了影响，到了大一结束，他的成绩在全年级排名很靠后。这种情况又遭到了一些人的耻笑，说他资质不好，根本不是读书的料。

3

当然并不是每个人都是这样，至少我觉得那样做不合适。

我的父亲出身贫寒，在读书求学的路上也曾经吃过很多苦头，我从小听他讲过很多以前的故事，所以当我面对强的时候从来没有别人那样高高在上。

后来，我还因为这事跟那两个同学发生过不愉快。

起因其实很简单，强有一条很旧的牛仔裤，因为穿的时间太久破了一个洞。他自己拿出针线把那个洞缝补了一下，然后继续穿。结果有一次那两个同学在上大课的时候，居然拿这事儿来笑话强，把他搞得非常尴尬。

当时我实在忍不住打抱不平：

人家不过就是穿一条补过的牛仔裤，有什么好笑话的。你的衣服再光鲜，你家再有钱，也不是你自己挣的，都是你爹妈的，有本事拿你自己来跟人家比。

那两个同学没想到我会这么说，一时不知道该怎么回应，跟我说"关你什么事儿"。我说:"那人家穿什么关你们什么事?你们能说别人,我为什么又不能说你们?"

这其实是一件小事,我没想到的是,那天晚上我回宿舍比较晚,本来以为没有热水用了,没想到强给我留了一瓶。

后来我和强逐渐熟悉起来。其实我们俩性格还是有很大差别的,因为成长环境不同,在兴趣爱好上面也有很大差别,但这并不妨碍我们成为朋友。

强是个简单而善良的人,可能因为家境的关系,他迫切希望改变自己的境遇。有时候我们在一起聊天,说起未来的梦想,我说我的想法就是以后能做自己喜欢的事,而他的想法特别简单,那就是多赚钱。

那时候他就在抓紧一切机会去赚钱。我觉得这也很正常,尽管每个人的起点不同、方向不同,但只要是自己想要的目标,那就没问题。

4

强读的是专科班,比我早毕业一年。那一年暑假,我们还在准备大四的八级考试,他就已经打包好行李离开了。他离开的时候,我们已经不住在一个宿舍了,我甚至都想不起来我们有没有好好地道别。

又过了一年,我本科毕业,然后到北京继续读书。后来我留京工作,成了一名在全国各地四处采访奔波的记者。

有一次我去上海出差,无意中和强重逢,那时候离我们毕业分别已经有差不多五年了。

这五年里,强最开始是在企业里打工,从最底层做起,一点点做上去,后来开始跟着别人创业。当我们重逢的时候，他已经创业两年多，有了自己的进出口企业，开在上海很繁华的地方。

那段时间赶上中国入世成功的好光景，他所做的领域一片红火，很快他就发达了。

他应该是我们班上第一个有房有车的人，同时应该也是我们班上第一个百万富翁。

那时候的一百万，听着简直是个天文数字。

那次重逢，我们聊了很久，彼此都为对方的发展感到开心。

又过了一年，我们在北京又遇见了。强的生意做得更大了，工厂也增加了很多人，甚至有几个昔日的同学也在他的企业里打工，其中不乏以前曾经笑话过他的人。

我问他为什么，他说人家刚来上海，大家好歹是同学，有个工作不至于无头苍蝇一样乱撞。

强真是个挺善良的人。

其实我们俩之间的交往并不多，有些时候只是打个电话聊两句，但我们之间的交往很纯粹，像君子一样淡如水，不掺杂任何利益。

这也让他有些感触。他说当他发达起来之后，很多昔日的同学态度都变了，只有我跟以前一样，一如既往，让他印象很深。

5

那时候我们并没有想到，后来我们的联系会完全中断——2005 年我丢了手机，没了强的号码，神奇的是，他居然也没有再给我打过电话，我们俩就这么失去了联系。

这一失联就是十三年。

在这十三年当中，我很多次想强在干什么。我还记得我们最后一次见面是在上海，那时候他已经买下了一块地，生意做得很大，盖了自己的厂房，有很多工人。他还把父母和妹妹都接到了上海，一家人过得很好。

这十三年中我虽然还是在北京，但无论是工作和生活都发生了很大变化。我甚至离开了以为会从事一辈子的媒体行业，去到原来认为自己一辈子也不会去的企业里工作。

人生的很多事情就是这样，根本说不准。

到了2018年秋天，我的手机微信里突然出现了一个好友请求，再一看居然是强。

我很惊喜——原来在我丢手机的同一时间，强也恰巧丢了手机，我俩就这样失去了彼此的联系方式。如果不是后来大学同学建了微信群，我们还不知道要失联到什么时候。

即使这样，这次恢复联系距离上一次已经间隔了十三年。没多久他来北京出差，我们终于见了一面，才发现彼此已经变化了很多。大家都已经不再是刚踏出校门不久的青年面孔，都已经有了中年人的相貌。

6

我一直以为当时已经发展得那么好的强，在过去的这些年里事业和生活应该四平八稳，结果一问之下才发现根本不是。

强原来的进出口生意在2008年国际金融风暴到来的时候受到重创，

不仅回吐了之前多年的利润，还亏了很多钱。

　　他说最惨的时候银行着急收回贷款，他被迫通过各种途径借了很多钱，几乎"一夜回到解放前"。

　　我听了之后很惊讶，问他当时欠了多少钱的债。他说了一个数，吓了我一大跳，那个数字大概是我这种写字的人一辈子也赚不出来的。

　　如果是别人遇到这种情况，我并不知道是否还有东山再起的可能，但是在强身上我总觉得他可以，这真是一种很莫名其妙的信心。

　　强说山穷水尽时，他一咬牙去了国外。当时有个国外供应商欠了他一笔钱，他出国不仅是为了要债，也是为了看新的机会。

　　他在国外一待就是将近十年。

　　这十年当中他做过很多事，给别人打工，又开始自己做生意，慢慢地重新积累。用了整整十年，他终于渡过了当年金融海啸留给他的巨大债务危机，甚至回到了比以前更高的位置。

　　2018 年 3 月，强重新回到中国，带着在国外打拼的积蓄和资源，准备在国内重新开始，因为现在中国是世界上最大的市场，他不可能忘掉这一点。

　　他说在过去十几年中，也多次想过，不知道曾鹏宇这小子在干什么，有没有像他说的那样做自己喜欢的事，也不知道什么时候才能重逢。

　　我听了之后哈哈大笑，对啊，我们都觉得不知道什么时候会再见。

7

　　再次相遇之后我们聊了很多，了解彼此这十几年的变化，感觉大家已经变了很多，但是好像又没有太大变化。

强说在他背上了巨债、一切化为乌有的时候，当初很多得到他帮助的人都纷纷告辞，有些人甚至连管他借的钱都不还，完全不顾及在他们最困难的时候是强给了他们栖身之地。

"他们大概以为，我一辈子都站不起来了。"强说。是的，从那么高的地方摔下来，真的不是每个人都能重新爬起来。

当知道我后来居然也进了企业工作后，强一度非常惊讶："我以为你会写一辈子呢！"我告诉他："是的，折腾了好些年后觉得，还是写一辈子比较适合我。"

我和强两个人彼此之间有很多不同，这么多年里走的路也不一样，我们甚至对生活的认识和方向的把握也不一致，但很奇怪，彼此并没有那种无法逾越的隔阂。

现在的强已经在新的领域前进了，就像我有了新的目标一样。那天我们说起上学时的情景，他说那时候真的太穷了，因为穷，他走了很多弯路；也因为穷，他收获了很多。

"你那时候为什么不像别人那样看不起我？"

我说：

我为什么要看不起你，只要你有手有脚，穷困不住任何勤快的人。再说有一句话叫莫欺少年穷，谁也不知道你未来会变成怎样。

而站在强的角度，体现得更明显的可能就是莫怕少年穷了。这甚至给了他更多的磨炼。

　　他第二次白手起家的时候已经 30 多岁了，把以前走过的路几乎重新走了一遍，把以前的艰苦重新经历了一遍，也正因为如此才有了今天。

　　现在的强，应该是我们班上第一个亿万富翁了。

　　每当想起这二十年的过往，就觉得人生跌宕常常超出你的想象，无法用文字描绘殆尽。

　　在年轻的时候真的不要用钱去衡量别人和自己，因为未来就像一条河，尽头是一道壮观的瀑布还是一片宽阔的海洋，谁也不清楚。

　　在年轻时，即使条件不如别人也不要气馁，因为年轻就是上天给你的最好资本，它就像一个百宝箱一样，会给你越来越多的惊喜。

比我穷的人就别来教我做人？
——关于做不到和不想做

> "让别人像自己一样做人"和"让别人像自己一样有钱"都不见得有多讨喜。

生活稍微不留意，就多出很多新的内容。

很多新朋友很喜欢我写的理财内容，实际上理财只是我写作内容很少的一部分，最多占25%，其他的75%分给了八卦、职场、情感和生活。

这些内容如果严格按照内容分类，应该属于"非虚构写作"，它们基于现实生活而来，得出的也是适用于现实生活的体会。它们可能是单一门类，也可能是交叉领域，就像今天要讲的这件事——

"比我穷的人就别来教我做人。"

1

"现实很残忍。以前有个叔父说：'你比我穷的话，就别来教我怎么做人了。'"

那天不知道是谁把这段话发到读者群里，得到了很多人的认同，我看到后却略微犹豫了一下。

读者中大多是年轻人，经历的事情少，容易被这类看似解气实际上站不住脚的"道理"蛊惑。

尽管我们在生活中也会说一些类似的话，但稍微有点生活阅历的人就知道，事情从来就没有那么简单。

很多年前，我也曾经面临过这样的境遇。那时候我刚毕业没多久，兴高采烈地做了一名记者。做记者是我这么多年来的梦想，外人不知道我有多喜欢那份工作，即使现在离开媒体行业已经超过十年，每次回想起来也能体会到那份心动。

如果硬要说，唯一的缺点，那就是它的收入没有外人想得那么多。

那个时代大部分传统媒体都是体制内，收入不可能太高，不过那时候的物价房价也都不算太高，所以这些并不妨碍我每天跟打了鸡血一样开心地工作。

当然并不是每个人都能理解这种开心，在一个随时随地受到现实捶打的时代更是如此，时常被人用来做收入产出的衡量和对比。

当时有个差不多年纪、关系一度很好的朋友在外企工作，那个时候他的收入就已经上万了。2000 年左右是外企的黄金时代。他总觉得媒体这份工作"性价比不高"，尤其是看到我出差一周采访写稿刊发后换来的那点稿费，更是不以为然。

他应该算是我们那一拨人里最早接受物质世界洗礼的人了。

因为工作生活环境的影响，他逐渐学会用收入高低、钱多钱少来衡量人。大家共同语言越来越少，他甚至开始看不起挣得比他少的人。

在那个周围人都努力向前冲的年代，没人会认为他这种变化是错的，即便你认为这样不对，也不知道如何化解，直到后来发生了一件事。

2

有段时间他在忙一个很重要的项目，这个项目非常紧要，合同金额也很大，他大概为此忙碌了快一年，甚至推掉了很多聚会。

当时他们有个竞争单位，是家本土企业，虽然产品质量远不如他们，但价格实惠，而且更会搞人脉。因为这个项目金额太大又太过重要，双方一度竞争得非常激烈，综合对比，他们的优势还是比较明显的。

结果等到开标那一天，居然是条件一直不如他们的那家本土企业中标。这不仅让他们公司大受打击，更是让一直负责跟进项目的他很崩溃。

招标结果出来后的一次聚会，大家明显感觉到他状态不对，一问才知道是这个原因，当时他已经准备辞职以"承担责任"。

听了他说的情况，我的直觉是竞争公司多半使用了一些台面下的手段，否则是不可能在产品质量、业界口碑不如他们的情况下，拿到这么大一个项目的。

他说的确是，对方公司貌似花了不少时间、精力、金钱打通了客户招投标的负责人的关系，不管这种方式是否能放在台面上，但招投标结果一经公布，已经没有了挽回的余地。

我想了想说："也不一定，如果对方产品质量和你们差距明显，这个项目本身又如此重要，那么一旦到了具体推进过程，多半会出问题，如果那样就是你们的机会了。"

他对我的话并不以为然："你又没有在企业里干过，你哪儿懂。"

当时我的确还没有在企业里工作的经验，对他们那个领域也一窍不通，但我也有我的优势：我懂人——做记者就是天天跟人打交道，什么人什么秉性，交谈个十分钟就知道得七七八八了。不管什么领域、什么企业，都是人在做事，既然如此，很多时候人的共性是会相通的。

尽管他不以为然，但我依然坚持我的看法，劝他不要放弃，沉下心来伺机而动。

如果按以前他的习惯，大概率不会把我说的话放在心上，毕竟我只是个外行，而且挣得远比他少。但是那段时间，他的心态因为项目受挫而一落千丈，而且暂时没有别的办法可想，所以他决定抱着死马当成活马医的想法姑且一试。

3

就这样，他又跟了这个本来已经鸡飞蛋打的项目一段时间，没想到果真如我所说，这个项目在执行过程中因为对方产品质量问题处处受到掣肘，本来招标中说花一块钱就能解决的事，实际上要花掉双倍的价钱，而且质量还得不到保障。

这种情况最终让客户公司开始反省整个招投标过程，发现他们居然放弃了更好的合作方，而选择了次一级产品。客户公司董事长大为光火，最终决定撤回招标结果，将项目重新交给他们公司。

这个结果让他又惊又喜，甚至问我："你怎么知道会这样？"

我不能未卜先知，当然并不会提前知道这个结果，但我知道做事情的方法、逻辑和人情世故，这些都是我当时那份收入不高的工作教会我的。

这个项目失而复得之后，他在公司的地位得到提升，收入更高也更忙了。摆脱了之前的窘境后，他的倨傲也渐渐恢复，甚至又开始用收入来衡量一个人是否值得交往了。

比如一拨熟人聚会，本来都在开开心心地聊事情，他却总觉得对方很无趣。有时候并不是真的觉得对方无趣，只是觉得对方收入不高而已。

即便是我，也并没有因此显得关系多近——那时候他月薪两万左右，而我的月薪不过五千。

渐渐地，他就不参加我们这边的聚会了，开始有了自己的圈子。他那个圈子里的人我也见过，怎么说呢，没别的，就是有钱：浑身上下名牌就不说了，各种奢侈品，吃穿不求最好但求最贵……

真跟那些有钱人相比，月薪两万的他似乎又不算什么了。但他并不觉得怎样，认为那才是他应该待的地方。

偶尔有朋友说他："你现在变了好多，变得好像我们都不认识你了。"他会淡淡地说："很正常，到了不一样的阶段，大家的方向就会有所不同。"

言下之意，不过是"如果你比我穷，就别来教我做人"的翻版。

4

在大学刚毕业那几年，这种分化其实非常常见，它来自每个人的成长环境，也来自外部世界的影响，更来自不同的人对这种影响的消化和吸收。

即便很多年我终于决定跳槽到企业时，我的月薪依然不过刚刚上万，在他眼里依然是个"穷人"。当然我的离开并不是因为收入，只是因为那份工作已经无法再给我新的养分了。

对我这种人来说，新的东西永远比钱更有诱惑力。

经过了在媒体行业 11 年的摸爬滚打，当进入企业工作时我才发现：

和以前跟各种人打交道相比，挣钱……真的太简单了！

这并不是在装，以前的工作单位里，我的工作（采访）对象是人，我的工作伙伴是人，所有人性的光彩我都会碰到，所有人性的阴暗我也会接触，需要打起十二分精神应对每一个人。

到了企业，尤其是以商业利益为首要目的的企业，你只需要琢磨如何赚钱，即便有类似前面所说招投标那样的事，也一定是先以产品为基础，否则就算你再洞悉人性也回天无力。

经历了一段时间的适应期后，我很快站稳了脚跟，并且在赚钱这件事情上开足马力越跑越远。

有没有碰到过困难？当然有，但大都是方法上的困难，一旦把思路和方法梳理清楚，这些困难就都被分解为可以逐个击破的小环节了。

有没有碰到过麻烦？也有过，但大多是表面上的麻烦，即便是你的客户，终极目的也是赚钱或者盈利，所以只需要站在对方角度考虑怎么做能帮助对方赚钱和盈利就好，麻烦自然就解决了。

有没有解决不了的问题？当然也有，比如超过业务范围或者能力范围，那就介绍给在业务范围或者能力范围内的同行，这样还能结个善缘……

就这样，大概转行五年之后，我的收入就把同时期的他远远甩在了身后。此时，他依然在外企里打拼，但是外企黄金时期已过，这个年纪的人略微有些尴尬。

那么，已经挣得比他多的我，是不是能说他不配跟我交往了呢？

我想，这永远不会是我的答案。

5

这个世界上，每个人都有两种目的不同的技能，一种是拓展物质条件，一种是拓展精神世界。

在全民向钱看的时代，前一种更被看重，因为它会直接带来物质财富，这的确是一件让人更愉悦的事。

那么是否就能说它比后一种更高级？并不是，恰恰相反，绝大多数能够拓展精神世界的技能，都能完美解释如何拓展物质条件，反过来却常常行不通。

就像赚钱和知道自己如何赚钱，其实是两回事——赚钱属于前者，知道自己如何赚钱属于后者。

如果你觉得这话不太好懂，那就换个更简单明了的例子：

一个商人常常能赚很多钱，在个人物质财富的积累上远远超过商学院的老师，但很少能够到大学校园中传道授业解惑。

商学院的老师常常挣得不如商人多，但能完美解释赚钱的方式、方法和思路，所以他们中的很多人下海经商后转型迅速、成就斐然。

对前一种人来说，不是他们不愿意，而是他们做不到。

对后一种人来说，不是他们做不到，而是他们不愿意。

做不到和不愿意是完全不同的两件事。

这个体会放在我自己身上更加明显。在企业工作的时候，我时常回想起以前在媒体工作的情景，最大的感受就是那时候需要动的脑子远比后来多，抛开赚钱这件事情不谈，很多解决问题的思路和方法其实相差不大。

而在企业工作的很多人，其实并不怎么喜欢动脑子。

在企业工作很多年之后，我回到了以前的老行当，开始专注写文章。这时候就更有趣了，因为不仅要做内容，也要管挣钱，直接把两种技能结合在一起，难度提高了，我反而跑得比先前更远了。

到了这个阶段，我依然认识了很多人。他们大多年轻，挣得不怎么多，但都很生动鲜活，我依然能从他们身上学到很多东西。

别人挣得是不是比我多，根本不是我考虑是否能交往的原因，连之一都算不上。

6

"如果你比我穷，就别来教我做人"这句话真正需要我们注意的，是和人沟通的方式。

我想说这话的人，真正反感的并不是对方比自己穷或者富，只是"教我做人"这件事，因为有些人的好为人师和刻板教条有时候的确让人难以接受。

但这和是否有钱没关系。

就像当初我挣的远不如那个哥们儿多，但是我能看到他看不到的问题关键；虽然当时他的收入是我的四倍，却并不代表他的认知也是我的四倍。

其实每个人性格不同，成长环境不同，教育背景不同，谁都没法给另外一个人完全整齐划一的模板，最多只是参照。从这点上说，"让别人像自己一样做人"和"让别人像自己一样有钱"都不见得有多讨喜。

看到这篇文章，如果你真的对这样一句话产生了某种认同感，只能说明你喜欢把问题简单化，用类似"贴标签"的方式把问题归类，然后就认为事情解决了。

就像文章前面说的那个朋友，当年他衡量一个人是否值得交往的标准就是收入高低，这显然是有问题的。

等我自己真的一步步成长起来后才意识到，其实每个人的世界都如此不同，相互比较是一件很没有必要的事，因为你不知道未来的某一天自己会变成什么样，别人会变成什么样。

如果你不喜欢对方的交流方式，请直接说出来，而不要把问题引到钱多钱少上去，那样真的很幼稚。

时间就是金钱，
可是你为什么那么爱浪费时间

没事，还来得及，到时候可以再做——实际上当
你脑子里蹦出这样的想法时，时间的陷阱就已经
在前面等着你了。

那天是一个项目的中期时间节点，一大早项目统筹就在工作群里吆喝大家交活儿，到了下午其他人都交了，只剩小 A 一个人一直没交。

我小窗口问他，他始终回答说已经完成了，只是觉得不好，要修改。我说那你发给我，我来帮你改，我改得比较快，这样可以节省一点时间。

小 A 开始说没问题，但就是一直不发。我后来问他，你究竟完成没有？问了两次，他终于扛不住了，给我发了一个哭脸，说的确没有完成。

我特别生气，如果今天没有完成，那昨天、前天肯定也没完成，为什么不提前通知大家，偏偏要等到最后的节骨眼儿上才说？

小 A 苦着脸说："我以为我可以赶出来的。"在有关时间拖延的问

题上，这是我最常听到的一个答案：我以为……

为了不影响项目整体进度，也为了不因拖延被对方罚违约金，那天晚上我们所有人忙到凌晨两点，终于赶出了本来应该由小 A 完成的部分。

第二天早上我做的第一件事，就是不再让小 A 继续参与这个项目。

我可以接受人的很多弱点，但在我特别不能接受的是工作上对时间的轻慢，特别是在团队项目上。

1

很多人在跟我工作后都说我有点恐怖，因为我反应快，动作也快，想到马上就会去做，一做还能坚持下去。

"刀哥，你这样会让人家觉得压力很大。"

不止一个小朋友这么跟我说过，甚至我曾经的搭档也说过这个问题，当时团队里有小朋友在他面前嘟囔，说我不给他们成长的时间。

我听了淡淡地说：

我当然会给人成长的时间，这首先要取决于你自己是否珍惜时间，因为给人成长的时间并不等于要认同你浪费时间。

换句话说，如果你都不把时间当回事儿，那凭什么要求别人把你当回事儿？

当然并不是所有人都认同这一点，有些人会说每个人有每个人的做事方法和风格，你不能拿你的要求去衡量别人。

这话没错，但是在工作和协作这件事情上，我们经常只有一个衡量标准，而时间节点就是通行的衡量标准备选之一。不能因为一个人的拖延，导致其他人的消耗，这是职场中人最应该具备的基本素养。

不知道是不是我的错觉，最近这些年，感觉周围越来越多的人愿意为浪费时间列举很多冠冕堂皇的理由了：

比如人生需要放空——

这种放空并不是劳累后的休息，而是该做的事情完全不想做，玩东玩西就把事耽误过去了。

比如人生需要弯路——

这种弯路并不是指遇到困难时的尝试或者试错，而是你明明知道浪费时间不对，还是忍不住去浪费。

再比如人生需要想得开——

这种想得开并不是努力之后接受现实，而是根本不去努力，还要给自己戴上冠冕堂皇的帽子。

这些都是好听的说法，如果说的不好听就是：

很多人没什么别的长处，他们最擅长的就是浪费时间。

有些人不愿意承认这一点，但事实就是这样，而未来击败他们自己的恰恰就是这一点。

2

关于时间这件事，讲一个发生在我自己身上的惨痛教训。

那时候我刚工作大概半年。我是个典型的白羊座，想到就做绝不拖泥带水，因为这个特点在刚工作那段时间获得了同事和领导的不少正面评价。

然后我就有些懈怠，正巧那时候单位组织了一个重大专刊项目，我负责其中一部分。在之前的协调会上，领导把每一部分的时间节点、内容、特点、要求、负责人员都讲得清清楚楚，我只要按部就班做就行了。

那段时间我逐渐习惯了工作的节奏，总觉得这项工作对我来说并不困难，一两天绝对可以搞定，这么一算时间相当充分，所以我就没把这事放在心上，玩自己的去了。

悲惨的是，当我真正开始做起来的时候，发现项目比我想的要复杂，而且必须花很多的时间做前期的准备。因为我前面已经耽误了很多时间，剩下的时间已经明显不够了。那时，我还有种特别侥幸的想法：

也许这个项目没那么急呢，也许领导会再等我一两天呢，也许……

但是根本没有也许，到了约定的时间节点，整个项目组只有我一个人没有按时交稿子。

我当时找了很多理由，当所有人都把目光盯在我身上的时候，那些理由都显得特别无力，我仿佛坐在了一片烧红的钢针上。

我试图为自己辩解，领导扫了我一眼后，二话没说，让我不管当天多晚都要把它赶出来。

尽管我非常努力，最后依然没能按时赶出来，还是晚了半天。晚了半天带来了什么样的结果呢？那就是所有的内容都不能付印，而且有一组同事当天要陪我一起加班到深夜，包括编辑、美编、校对和组版人员。好在最后没耽误印刷。

这事儿完了之后，我被扣了一个月奖金，大概 2000 块。对 20 年前初出茅庐的我来说，并不是一笔小钱。

3

被扣钱之后我非常郁闷，结果领导甩给我几句话：

如果这一次不让你记住这个教训，那么这种情况你以后一定会再犯。这次只是耽误了一些时间，但你想过没有，如果整个专刊的时间都被耽误了，那么就意味着广告无法正常排期，这就相当于违约，这个损失可就大了。

被领导这么一说，我才意识到问题的严重性，吓得浑身冷汗直冒。

相比之下，2000 元的罚款虽然当时看来很多，但是要真的发生了她所说的情况，根本就是九牛一毛。

领导还跟我说：

你有很多优点，但是如果你在时间这件事情上不认真，那么你之前所有的优点都会被它冲掉。

那时候听领导的这番话，让我觉得她言过其实，不过因为被罚款的教训实在很惨痛，从那之后我就在脑海里把时间当成了一条红线。

1. 任何情况下不管在做什么事，只要定了的时间我一定会完成；

2. 只要答应了别人某个时间要完成的事情，我就一定会办到；

3. 不仅如此，我还会尽可能地把时间放到更前一点，这样就能够留出一些"富余"，让自己从容一些。

4. 宁愿在最后时刻优哉游哉地等，也不要在后面火急火燎地赶，因为那样多半会出问题。

说来也奇怪，当守时这件事情形成习惯之后，它直接改变了我在很多人心目中的印象。

我在当记者的时候经常要到外地出差，有一天一个平常交往不多的编辑说，每次听说稿子是我写，她就特别高兴，因为只要给我一个最后的时间节点，我一定会在这之前把稿子发给她。这不仅意味着能够按时下班，而且这一晚上工作心里都很踏实。

等后来我自己当了编辑，我才体会到这种踏实意味着什么。

一般来说，报纸的付印时间是夜里 12 点，至少要留出 4 个小时的工作时间，这些时间包括至少两个小时的编辑和排版、一个小时的校对和修改，最后再送领导审阅。

很多时候，当你说晚上 8 点截稿，有些同事别说 8 点了，9 点都交不了稿子，有时候甚至要拖到 10 点甚至更晚。这样一来，后面所有的流程都要往后压。

最惨的一次，我凌晨 3 点才签版，结果下一周反倒是我这个值班编辑被扣了钱。

4

有个很奇怪的现象：在一个团队里，经常拖延时间的常常就是那么几个人。

不管他每一次承认错误有多爽快，也不管他表现得有多主动，在拖延时间这件事上却经常会再犯。

这种情况不仅会影响整体工作进度，也会给其他同事带来很多负面影响，大家会觉得：既然他都可以不听你的，那我为什么要听？

做我们这种工作的，常常会听到一种说法：我没有灵感，真的创作不出来——是不是听着也挺有道理的？

别相信，相信就是你太单纯了。

事实上，不管在什么工作中，灵感只能是在初级阶段才有作用。

当你进入职业生涯的中期，每天必须完成这样的工作，灵感更多是方向的指引。如果你拿这个理由为自己辩解，那么你没说出口的潜台词多半就是：

准备得不够充分，精力不够集中，太会给自己找理由。

后来我跳槽到公司工作，原本以为这种情况会好一点，事实证明我太幼稚了。和报社这种单位比起来，公司的工作更复杂，协调流程更长，协调节点更多，这意味着可能被浪费的时间和有意无意浪费时间的人也就更多。

有一次做一个比较复杂的项目分析报告，每个人负责其中一部分，结果到了一个同事那里，迟迟没有交出来，不仅影响了整个项目报告的流程，甚至影响了后面的送审。

听上去可能觉得这事儿并没有那么严重，可是很快我们就知道了这件事的影响：

　　由于负责审批的有关部门的时间是已经确定的，这一次晚了就只能等下一次，而下一次审批要到半年以后，这就直接导致该产品的投放时间被硬生生推迟了半年。

　　最后这个同事丢掉了这份高薪工作。

　　类似这样看似很小的问题最后都会引发大麻烦，在我过去 20 年的职业生涯中屡见不鲜，特别是当你不觉得这是一件多么可怕的事时，背后隐藏的结果经常会让你瞠目结舌。

5

　　后来有朋友曾经问我，有过那么多亮丽的职业历练之后，为什么会选择自由职业，我的标准答案是：

　　别人经常不靠谱，只有自己靠得住。

　　这话确实是我的真实想法，特别是在时间管理这个关键问题上。要是工作上像小 A 的那种情况多了，事情还没做完，我就先把自己给气死了。

　　也因为如此，在工作伙伴的选择上，我会尽可能选择时间观念差不多的人，不然实在太痛苦。在安排项目的时候，明明你已经说了最后的时间节点，明明你已经告诉他如果耽误可能会造成什么影响，可他们最后还是会耽误。

　　如果说这些耽误是因为难度特别大倒也罢了，实际上并不是，绝大部分是你认真抓紧一点时间就能完成的工作。

他们并不是没有能力完成，只是习惯性拖延。

当拖延一旦成了习惯，注定会浪费掉很多宝贵时光——更可怕的是，他不仅浪费自己的时间，还会浪费别人的时间。

比如，我就听到有熟人不止一次这样问我：你怎么有时间和精力写这么多东西？你怎么可以同时完成这么多事？……

我心想，那是因为你在玩手机、打游戏、发呆闲聊时，我都在做事情。

我真的很爱时间，但不是每个人都这样。

不一样的人也没关系，我们可以做朋友，吃吃饭聊聊天，但是绝对不能做工作搭档，那样我真的会疯掉。

6

为什么会出现这种情况？其实就是缺乏时间的管理。这种管理不仅仅是对别人的要求，更是对自己的要求。

很多人在拖延时间时，常常会觉得：没事，还来得及，到时候可以再做——实际上当你脑子里蹦出这样的想法时，时间的陷阱就已经在前面等着你了。

在陷阱里，你会发现：

1. 事情可能并不像你想的那么简单；

2. 你花的时间有可能要比预想的多得多；

3. 你完全没有给自己预留回旋的余地。

真的，随着工作经验越来越丰富，我逐渐意识到我们为什么要按时完成工作，因为这其实是在最大限度地节省我们的时间。

你前面拖延了一小时，后面可能会花两小时去补救；你前面耽误了一天，后面多半会花两天去挽回。

既然这样，干嘛要拖？

很多人之所以养成拖延的习惯，还有一个原因就是周围人的过分宽容。一旦你认真地批评这事，他们还会觉得你小题大做。

就像我文章开头讲的小 A，我不让他继续参与项目工作之后，他还觉得很委屈：我虽然晚了，不是也交了吗，为什么还会这样？

这种人看问题的出发点常常只有自己而无他人，丝毫没有觉得浪费别人时间是一件更可怕的事；更过分的是，他的确只耽误了自己的时间，但是随后增加了所有人的工作量，每个人都在为弥补这个漏洞而忙碌。

这是不公平的。

7

还有个问题：

珍惜时间究竟有什么用？

除了刚刚说的"按时间节点完成其实是最大限度地节省时间"这个优点之外，一个珍惜时间的人给人的感觉是完全不同的。

我并没有想过自己会坚持写文章这么多年，因为很多时候工作太忙，哪怕只有一个小时或者三十分钟，我都会想写一点东西；久而久之就会养成一种习惯，不仅会提高你写作的数量，而且会提高你写作的质量。

　　我和另外一个写作的朋友秋李子也曾探讨过这个问题。她现在一天只写两个小时，能写一万多字，很多人（包括我）都觉得不可思议。

　　她说的其实就是全心全意利用时间。

　　在写作的过程中她会屏蔽掉手机、电子产品以及外界信息，认认真真写东西，坚持下来就成了现在的高产作家。

　　而绝大多数人可能坐不了五分钟就要看一下手机，干不了十分钟活就要玩一下微信，结果时间就在这样零敲碎打中被肢解得支离破碎。

　　这些细微的时间浪费，你可能并不觉得有多么严重，但是当它日积月累就会变成一个问题，不仅让你失去了很多时间，还让你养成了浪费时间的习惯。后者显然更可怕。

　　以前有一句老话叫"时间就是金钱"，现在大家可能已经比以前有钱很多了，所以越来越不在乎时间了，那么不妨想一下后半句：效率就是生命。

　　你正在浪费的就是生命中的一部分。

更重要的是
利用好"垃圾时间"

> 在投资的同时，认真工作、认真学习、完成自我成
> 长，如此一来，总有一天垃圾时间会变成黄金时段。

　　我从来没想到，在网络上我最受欢迎的文章居然是理财。想当年，我可是因为擅长写情感、职场和自我成长才走到今天的，为什么大家最喜欢的偏偏是理财呢？

　　尤其是在新冠疫情袭来的那几个月，可以明显感觉到大家心中的某种焦虑感，尤其是一些新手朋友。

　　像绝大多数新手刚开始时一样，他们内心充满了对投资理财的憧憬、对赚钱效应的期待，以及对改变生活和对未来的渴望。

　　可是几个月的时间过去了，市场表现不温不火，不止一个人忐忑地问我："刀哥，难道就这么眼睁睁地看着它不温不火下去？"

　　我哭笑不得，不然呢？

1

绝大多数新手小伙伴可能永远也无法理解的一件事是：作为一个普通人，当你踏入投资理财市场后，可能很难遇到那种日赚斗金的高光时刻，甚至很难遇到那种每天赔到跌停的痛苦时分。你将经历的 80% 以上都是让你茫然的"垃圾时间"。

所谓垃圾时间，就是你买的基金也好、股票也罢，既不怎么涨，也不怎么跌，上上下下，来来回回，前面看不到出路，后面看不到未来，让人食之无味、弃之可惜。

听上去是不是很无语？

对投资理财稍微有所感悟的人都明白，这是事实。如果你不能对这个事实加以认知，那么在未来投资理财的道路上，就会遇上很多波折，走很多弯路。

想想二十年前，当我兴冲冲地一头扎进股市时，满脑子想的就是大赚一笔，一夜暴富。因为有这个想法，每天股市开盘时，我就跟打了鸡血一样兴奋地从开盘看到结尾。

第一天还觉得新鲜，第二天也觉得有趣，但是到了第三天，我忽然觉得很没意思：为什么没有什么大的变化？

虽然有些时候会涨，有些时候会跌，但是总体看来要么是退一步进两步，要么是退两步进一步，上上下下，怎么都不给人一个痛快！

这种感觉让我觉得很不爽，我这样一个做什么事情都讲究雷厉风行的白羊座，当然是希望干脆利落，最受不了的就是这种不上不下的温噢状态。

事实从来不管我心里怎么想，它就是上上下下、不上不下、要上又下……让你看着气到肝疼。

看多了之后，我忍不住在心里哀号：天哪，老子是想赚钱的，不是想来当温水里的青蛙，怎么现在会成了这样的状况？

这就是当年我最真实的感受，听上去是不是有点熟悉？不知道现在的新手小伙伴们面对最近的市场表现，有没有类似的感觉？

2

当我逐渐习惯了这种温暾状态后，我开始琢磨一点：为什么会出现这样的情况？

再仔细观察了一下周围，我突然发现：

除了少数专业金融机构的工作人员之外，绝大多数在理财上更有经验、更有建树的人，似乎都不怎么关心市场短期的变化。

不管市场怎么样，他们该干什么干什么，这一度让我很好奇。

你不怕跌吗？你不怕下跌之后套牢吗？

你不怕涨吗？你不怕上涨之后踏空吗？

……

这些问题问出去，最常听见的答案就是"不用担心"。

反正跌了会涨上来，涨了会跌下去，如果赚钱只是一个结果，那么等待这个结果的过程占到你身处市场 80% 的时间，绝大部分时间你只会处在等待的过程中。

我听了很诧异：啊，也就是说，80% 的时间都是……无用的吗？

对方想想说，你可以这么认为。

那是我第一次听说投资还有无用时间的说法，这让我分外诧异，难道不应该每分每秒都奋勇争先、分秒必争吗？

事实让我不得不承认，我们的确会面临很多垃圾时间。这种情况跟很多新手的想法大相径庭，刚进入投资市场的新人都喜欢快刀斩乱麻，脑海中的想法不外乎以下几点：

一、尽快赚钱。

投资理财的终极目的不就是达到资产和财富的保值增值吗？只有尽快赚钱才能达到这一点，否则干嘛要投资理财？

二、尽快回本。

如果一进来就亏损，那么新手们想的就是什么时候才能回本，如果回本了就再也不投了，因为实在是让人太惊心动魄，那么游戏同样重新回到什么时候能够尽快赚钱上。

三、证明自己。

很多新手都把开始投资理财当成人生的一个重要决定，而能够证明自己这个决定是正确的方式，当然还是尽快赚钱。

很多新手脑子里想的，其实就是尽快赚钱这一个想法——即便他已经知道新手不宜快进快出、基金不适合短期投资，这种潜意识也很难改变。

这种情况下，人是很难接受垃圾时间这个概念的。

3

换一个角度，所谓的"垃圾时间"就是放在一个相当长的阶段中，怎么看都是没有太大用处的时间。

以 2020 年开年这一个多月为例，2 月份 A 股经过一波反弹上升到 3000 点上方，然后随着国外疫情形势的严峻，外国股市不断下挫，导致 A 股也跟着下挫，尽管下挫的力度不如外国股市，但是也跌到了 2700 多点。

随后股市就开始了今天涨一点明天跌一点、今天再涨一点明天又跌一点这种循环往复的过程，持续的时间一长，很多新手朋友就觉得非常不耐烦：

要活不给人好好活，要死也不让人痛快死，这叫什么事儿？

这就是投资市场的常态。

像这种前不着村后不着店、既不涨也不跌循环往复的状态，几乎占据了投资理财市场的绝大多数时间。

是不是看上去就很痛苦？

那是当然，这也是为什么当某个人决定要开始投资理财时，首先要告诉他的事情就是要长期理财。并不是说长期理财才能赚钱，而是因为只有真正坚定了长期理财，你才不会受到垃圾时间的干扰。

不信我们往回看。

读者群里的很多小伙伴都是从 2016 年 11 月开始,因为我的理财文章尝试投资理财的。看一下这张走势图,会发现 2016 年到 2020 年这四年间,绝大多数时候股市是上上下下、进一步退两步的状态,真正能够大幅上涨的时间屈指可数。

垃圾是没有用的,那么垃圾时间是否也是没有用? 投资满三年的小伙伴看一下账户收益,会发现尽管长期在垃圾时间里,但账户收益数字基本都是正的,更关键的是,我们还不知不觉地存下了一笔金融资产。

这又是为什么?

4

记得以前看过一本书上面讲过,真正的投资理财最重要的其实是抓住那 20% 的上涨时刻。一旦你抓住了,你就不会错过这一轮行情;一旦你没有抓住，哪怕你 80% 的时间都在市场里，依然会望钱兴叹。

也就是说，大部分上涨只占据市场最多 20% 的时间。

就像我在投资理财市场里待了差不多 20 年，可脑海里真正能记住的也就是几个高光时刻，比如说 2005 年之后到 6100 点的大牛市，2015 年上涨到 5100 点的第二大牛市，其他我已经记不得什么了。

实事求是地说，那两场大牛市中当然有所收益，可真正仔细想起来，如果只靠牛市赚钱，那在牛短熊长的中国 A 股，基本没有赚钱的可能，所以我们必须利用好"垃圾时间"。

就像前文的股市走势图中所展现的，两个人牛市之外的时间，市场都是上上下下的状态，很折磨人。如果你保持长期定投的习惯，不在意一时的涨跌，那么到最后哪怕只涨到 3000 点或者 3500 点，你依然有所斩获。

从这一点上，就可以看出垃圾时间的作用至少有两个。

1. 让你摒弃对快速赚钱的幻想，真正踏踏实实做到长期投资，用时间换空间。

2. 不把希望寄托在牛市和所谓大行情来的时候，而是把它寄托在按照投资规则不断前进、以规则去战胜意外的过程中。

如果意识不到这两点，作为一个普通投资者，在弱肉强食的市场根本不可能抓住上涨的时刻。

5

以上事实证明，"垃圾时间"真的是有价值的。

即便很多小伙伴是从 2016 年底才开始投资理财的，即便这三年多的时间里，市场一直围绕着 3000 点上下波动，并没有太大的涨幅，也没有太大的跌幅，但大家依然有所斩获。

严格意义上说，这绝对就是标准的"垃圾时间"再利用。

在绝大多数垃圾时间中，只要我们坚持长期投资，严格遵循自己制定的投资规则不去随意改变它，那么一定就会有所收获。

很多专业人士同样如此，他们捕捉牛市的能力当然超过我们。如果只靠牛市赚钱，A 股市场十几年都盘桓在 3000 点，他们早饿死了，他们对于"垃圾时间"的重视和利用远超过普通人。

放在生活中，道理其实也是一样，很多人希望自己无论在工作和生活中都能一飞冲天，实际上厚积薄发才是真正的挣到。每一个高光时刻可能都需要无数夜以继日、积少成多、集腋成裘的累积，天上很难直接掉一块大馅饼砸在一个普通人头上。

对普通人来说，我们最不缺的就是"垃圾时间"，最容易忽略的也是它们。很多人对垃圾时间一点兴趣都没有，总是希望自己一上来就抓住一个大牛市，就像走在路上就能捡到一个大钱包，一谈恋爱就能遇上一个心仪的人，改变自己的未来，改变自己的人生，毕其功于一役。

可能吗？

身为普通人就要有普通人的觉悟：

机会对普通人来说可能是有的，但并不多，而且就算来了你可能根

本也抓不住，甚至过了很久才知道那是一个机会。如果这样，那就老老实实学会从"垃圾时间"里淘金的本事吧，这叫面对现实。

明白这一点，你就知道我为什么一直要求新手朋友们坚持定投、坚持长期投资、坚持闲钱投资了。

因为普通人没有别的路好走，而有的路很多人根本看不上。

像我这样一个并没有太多专业理财知识的人之所以能够一步步走到今天，原因应该就在于比较好地利用了所谓的"垃圾时间"，时间一长，它让我的认知和生活发生了本质的变化。

6

回想 2000 年前后入市到现在这 20 年间，我可能也就经历了 2006 年、2009 年和 2015 年这三个短暂的牛市，其他的时间都可以称为熊市。

那些牛市虽然能够赚到钱，可也经常容易亏钱，因为波动太剧烈，同时还要和很多专业人士或机构竞争。作为普通人，心智和投资定力都会受到严峻的考验。

熊市投资就不一样了，绝大多数人并不理会你在做什么，你只要坚持下去，受到的干扰其实相对来说少得多。

对于普通人来说，在回忆自己的成长经历时，印象深刻的常常只有那几个高光时刻，而高光时刻之外的绝大多数时间可能都已经淹没在你的记忆深处，连一朵浪花都看不见。如果没有那些时间，你又怎么可能拥有这片高光？

利用"垃圾时间"还有个很重要的地方，那就是在投资的同时，认真工作、认真学习、完成自我成长，如此一来，总有一天垃圾时间会变成黄金时段。

在投资理财的市场里待的时间越长，我越体会到利用好垃圾时间的重要性，就像我们自己在追求自身成长时，需要一点一滴积累好所谓的"垃圾时间"一样，千万不要觉得自己生而不同，一下就能抓住机会。

记住，身为普通人，你没有那么幸运。如果你真的那么幸运，你就不会看我写的这篇文章了。

踏踏实实地去学习，去了解，去锻炼自己的心智，利用好别人看不起的垃圾时间吧。

垃圾时间并不可怕，可怕的是我们不敢去承认，不敢去面对。

实际上，我们在平常的生活中已经浪费了那么多的时间，而我们面对金钱的折磨，不过是生活对我们小小不言的报复而已。

当你把一件小事
坚持做了 200 次

在微博上写付费文章满两年的时候，我已经写了
100 多万字。

那天当发现自己在微博付费专栏上已经写了第 200 篇文章时，顿时
觉得很惊讶：居然已经这么多了吗？……

从 0 到 1 很容易，从 1 到 10 很难，而从 10 到 100 就更难了。记得
2017 年写到第 100 篇时自己曾经说的那句话：在这个年纪，能一直坚持
做自己喜欢的事，是一种幸福。

能让人扛过艰难和懈怠的最大动力，应该就是喜欢吧。

当文章的篇目已经迈过 200 篇的门槛时，忍不住又想到另一个问题：

做这件事让我收获了什么？或者说，当我把一件事坚持做了 200 次，
除了喜欢之外，它又给我带来了哪些变化？

1

钱？有钱当然让人开心，但还有压力。

想来想去，一向闲云野鹤一样的我居然有一天也会在压力下做事情，当然有的人认为都是因为钱。

周围朋友介绍我的时候一度都会说：他在网上的文章都是花钱才能看，而且很贵，可订的人还不少……

每当听见这样的介绍，一些不太熟悉的人就会略带惊讶地看着我：

"你是在网上连载小说吗？"我说不是。

"那你写的是稀缺专业的内容吗？"我说也不是。

他们听了就会很惊讶："那怎么会有人花钱去看？"

很少有人会觉得，你对生活的记录会值得人花钱一读。

写文章能换来收入当然是好事，有钱当然让人开心，但真的不全是如此。

对一个写字的人来说，当成爱好写字和当成工作写字，这两种感觉完全不同。当成爱好的时候，你当然可能写出很漂亮的文章，但是你会很难坚持下去，生活中随便有一点风吹草动就会让你改变主意：算了，还是干点能挣钱的事情吧。

当写字成为工作之后，横在你面前的就成了另外一个考验：今天写什么？明天写什么？后天写什么？……

别人以为靠写字赚钱意味着窗明几净、咖啡香茶，其实只有你才知道，每天睁开眼睛、牙没刷脸没洗的时候就开始琢磨：

该写点什么呢？

这真是单纯把写字当爱好的时候，打死也想不到的压力。

这种压力其实一度让人特别痛苦，因为它忽然就把一件赏心悦目的事情变成了按部就班，甚至有些面目可憎。

别人可能不知道，我自己有时候也在自问：

你是吃饱了撑的吗，干嘛要把那么轻松愉快的事变得这么辛苦？

但是又想想：不知道这事坚持做下去，能变成什么样？于是又咬着牙继续。就这样从第1篇写到了第10篇，又写到了第100篇、第200篇。

不知道从什么时候开始，压力的感觉小多了。以前写文章我总会"起个范儿"，跟沐浴更衣焚香差不多，现在嘛，真心不用了，拿起手机打开语音输入就能"呱唧呱唧"地用嘴写作。

回头复查这些用语音写成的文章才发现：咦，居然看上去井井有条，逻辑变得严密多了啊。

这个变化提升最大的是现实生活中吵架的能力，随时"一二三四，二二三四，嘿"，完全不在话下！

真的，在压力下做事情，能逼出一些你都意想不到的能力，好棒！

2

谁说中年没法学习？读者会逼着你去学的。

在写付费专栏之前，我已经基本认可了一个观点：

人到中年，创新意识已经开始逐步退化，学习能力也在不断降低。

当写文章变成了工作之后，我才发现：

鬼扯，谁跟你说中年没法提升学习能力的，那是你没有被读者逼着走！

真正写过文章的人就知道，写文章并不仅仅是写文章，它由三个基础部分组成：

首先是阅读。

大部分人开始写作都源于阅读，阅读能带给人很多不同的观点和感受，同时带给你全新的认识。

其次是阅历。

人在年轻、涉世未深时的所见所感和饱经风雨时的感受是截然不同的，年轻时的洋洋洒洒到后来可能就变成了欲说还休。

最后才是写作。

写作是在阅读和阅历基础上的自我呈现，也可以看作在前两者基础之上的自我消化和升华。

说完了这个，再说下人到了35岁之后的状态：

首先书读得比以前少多了。

不说别人，我在14~22岁这八年看的书比后面那些年多多了，虽说我看的不是武侠小说就是杂志包括《故事会》，可那也是书啊。没想到的是到了35岁之后，因为工作和生活日渐安稳，看书的时间莫名其妙地少多了。

然后就是太喜欢靠经验说话。

以前年轻，没啥经验，所以都是事必躬亲，做出来做不出来都是自己的感受。现在却习惯性地看看开头，然后就做出一个粗浅的判断。事实常常和经验相反，这样的亏我没少吃，只是没好意思说出来而已。

最后就是写作上的变化。

以前的写作靠灵感、靠兴趣，现在的写作靠自律、靠坚持。以前写起来天马行空，但是水平参差不齐，有的很好，有的很烂。现在写起来规规矩矩，但是水平相差不大。

如果一定要说进步，就是已经基本不会写出很烂的文章了。

这就是木桶理论：

决定一个木桶容量的，常常不是最长的那块木板，而是最短的那块。同样，决定一个人水平的，常常不是他的长处，而是他的短板。

这种短板的警示要求你读更多的书，经历更多的事，才能写出更多更好的文章。当身后有一群付了费的读者拿着鞭子时刻准备抽你的时候，你的感受会更加真切。

3

这帮神奇的读者，都被我带进了钱眼里。

这里有必要说一说那些订阅我的文章的读者。

他们中的绝大多数是和我一样的普通人，有男有女，女的居多。其中有不少人说："打死也没想到有一天会在网上花钱看别人写的文章。"

不仅如此，他们中的一些看完了之后，还会积极地向周围人推荐，当别人发现是要花钱才能看的文章时，都会狐疑地问：

"居然还要花钱，你是不是参加了什么传销组织？"

从他们身上我看到了十多年前自己的影子，对一些新鲜事物充满了好奇，希望生活朝更好的方向前进，为此愿意付出一些代价。

当然别以为他们只是付钱订阅而已，我的很多文章的创意就来自他们。

比如"人人都爱钱"这个系列文章，其实就来自他们对我的触动，因为觉得他们怎么那么奇怪，明明这么年轻却不投资、不理财、月月光，该精明的时候愚钝，该愚钝的时候却精明，急死我了！

既然这样，那我就来写，让他们知道跟钱有关的生活是多么有趣。这个初衷是弥补缺失的金钱教育的系列文章，到现在已经写了几十万字，更多的是在总结和回顾自己这些年对人性和金钱关系的感受，有一些自己曾经犯过的错误，也有后来的修正。

很多读者就是这样跟着文章开始了他们人生第一次的投资理财，尽管过程跌跌撞撞，但是到现在也坚持了好几年。

现在再和他们谈论一些跟钱有关的话题时，发现他们已经有了很大变化，不再那么瞻前顾后，也不再心里没底，虽然股市下跌的时候也会嘟囔几句，但都是按部就班地往前走。

想想当初的自己，不也是按部就班朝着一个目标前进才有今天的吗？

当然，除了他们之外，还有个别"大神读者"让我真的叹为观止，其中一位一言不发、从来不在读者群里说话的老兄一直把我的文章订到了 2029 年，那时候我是不是都退休了……

我经常在想，他是不是很"恨"我，才会用这样的方式逼我不要忘了还欠着他一笔债？

4

最让我意想不到的变化，同样来自文字。

在微博上写付费文章满两年的时候，我已经写了 100 多万字。

这 100 多万字并不仅仅是留存在互联网上的记忆，它们还成了让我意想不到的成果——2017 年出版的那本《世上有颗后悔药》经过几次加印，成了很多读者喜欢的一本书。

他们中的很多人告诉我：

"这本书改变了我对生活的态度。"

后来我又拿着一摞文稿跟出版社沟通，他们一眼看中了"人人都爱钱"系列，这是和《世上有颗后悔药》风格完全不同的另外一个系列。

我问他们：为什么？

他们说：因为关于钱的这些文章写到了人的痛点上。

又是一个我没想到的地方。

这本名为《远离迷茫，从学会赚钱开始》的书出版后，销量很快超过了《世上有颗后悔药》，很多读者说："这本书改变了我对钱的态度。"

别说我不在乎销量，每一个写字的人，都希望有更多人看到自己的文章。

当时那两本书上 80% 的内容，都来自我的付费文章。我只是发了一部分给出版社，他们就决定出版了。

我曾经说过，在这之前，2004－2016 年，其实我也一直在网上写文章，大概也写了好几百万字，其中也有不少好文章，可是出版社都不愿意出版，原因很简单："大家都在网上看过了，谁会再花钱买书呢？"

　　其实一前一后，我的文章内容没什么变化，风格也没什么变化，区别只是：前面是免费的没有门槛，后面是收费的有了门槛。

　　结果是有门槛的文章帮助我获得了更多认可，没有门槛的却被大多数人忽略了。

　　可能免费的东西得来太容易，没人会觉得它有价值吧。

　　如果回到很多年前刚开始在网上写东西的时候，我大概怎么也不会想到，在网上写文章这件事会带给我这么多意想不到的变化：

　　知道了靠写字赚钱养家是什么感受，跟轻松不沾边——任何事情一旦变成工作就会很痛苦，但我居然从这种痛苦中收获了快乐。

　　居然学会了用语音写字，然后提高了大脑的反应速度——从提高手速到提高脑速最后到提高语速，之前"中年的学习天花板"被一点点捅破。

　　莫名其妙地积累了大量怼人的经验——原来吵架也是件讲究学习和积累的事，顺道结识了一帮神经兮兮但是无比可爱的读者……

　　看吧，把一件看上去普普通通的事坚持做了 200 次，居然会有这么多变化，那么如果坚持到了 300 次呢？

　　答案其实就在你的面前——当亲爱的你看到我这本书的时候，我在网上的付费专栏文章已经超过了 300 篇。

　　下一步就是 500 次了，这么一想，居然有些小期待呢！